锡伯族最大的一次历史事件，当属乾隆二十九年（1764）的西迁伊犁屯戍边陲，一千多名精心选拔的锡伯官兵奉国家之命、拜别故土、拜别骨肉同胞，携带家眷，万里西迁，完成了一次民族史上惊心动魄的英雄壮举。

国家出版基金项目

走近中国少数民族丛书

主　编/丹珠昂奔

锡伯族

Xibozu

阿苏　盛丰田　何荣伟　著

辽宁民族出版社

图书在版编目（CIP）数据

锡伯族 / 阿苏，盛丰田，何荣伟著. —2版. —沈阳：辽宁民族出版社，2014.12
（走近中国少数民族丛书 / 丹珠昂奔主编）
ISBN 978-7-5497-0979-3

I. ①锡… Ⅱ. ①阿… ②盛… ③何… Ⅲ. ①锡伯族—民族历史—中国 ②锡伯族—民族文化—中国 Ⅳ. ①K284.3

中国版本图书馆CIP数据核字（2014）第310582号

走近中国少数民族丛书·锡伯族
ZOUJIN ZHONGGUO SHAOSHUMINZU CONGSHU·XIBOZU

丛书策划 / 李凤山

出版发行者：辽宁民族出版社
地　　址：沈阳市和平区十一纬路25号　邮编：110003
印 刷 者：沈阳市北陵印刷厂有限公司
幅面尺寸：170mm×240mm
印　　张：13.5
字　　数：186千字
出版时间：2014年12月第2版
印刷时间：2014年12月第1次印刷
责任编辑：李凤山　吴昕阳　佟　强
封面设计：杜　江
责任印制：杨　雪
责任校对：边京爱　林　华

标准书号：ISBN 978-7-5497-0979-3
定　　价：38.00元

法律顾问：陈　光
举报电话：024-23284336

邮购电话：024-23284335
如有印装质量问题，请与出版社联系调换
联系电话：024-23284340
网　　址：www.lnmzcbs.com
淘宝网店：lnmz2013.taobao.com

《走近中国少数民族丛书》编辑委员会

《走近中国少数民族丛书》作者名录

《蒙古族》 萨仁图娅（蒙古族）
《回族》 许宪隆（回族） 张龙（汉族）
《藏族》 丹珠昂奔（藏族）
《维吾尔族》 艾克拜尔·吾拉木（维吾尔族）
买力克·买买提（维吾尔族）
伊利迪尔（维吾尔族）
《苗族》 石莉芸（苗族） 李云兵（苗族）
《彝族》 陈国光（彝族）
《壮族》 黄佩华（壮族）
《布依族》 周国炎（布依族）
《朝鲜族》 黄有福（朝鲜族）
《满族》 于今（满族）
《侗族》 杨筑慧（侗族）
《瑶族》 玉时阶（壮族）
《白族》 董建中（白族）
《土家族》 罗中（土家族） 罗午（土家族）
《哈尼族》 朱志民（哈尼族） 李泽然（哈尼族）
《哈萨克族》 艾克拜尔·米吉提（哈萨克族）
伊拉达·拉音别克（哈萨克族）
《傣族》 赵瑛（傣族）
《黎族》 罗文雄（黎族）
《傈僳族》 鲁建彪（傈僳族） 欧光明（傈僳族）
《佤族》 郭锐（佤族）
《畲族》 钟亮（畲族）
《台湾少数民族》 林华（台湾少数民族）
《拉祜族》 苏翠薇（拉祜族）
《水族》 韦学纯（水族）
《东乡族》 马兆熙（东乡族） 马自祥（东乡族）
《纳西族》 白庚胜（纳西族） 孙淑玲（汉族）
白羲（纳西族）
《景颇族》 金黎燕（景颇族）
《柯尔克孜族》 阿地里·居玛吐尔地（柯尔克孜族）
《土族》 祁进玉（土族） 东永学（土族）
《达斡尔族》 毅松（达斡尔族）
《仫佬族》 黎学锐（仫佬族） 黎炼（仫佬族）
《羌族》 雍继荣（羌族） 罗吉华（羌族）
周发成（羌族）
《布朗族》 陶玉明（布朗族）
《撒拉族》 马成俊（撒拉族） 马建新（撒拉族）
《毛南族》 韩德明（汉族）
《仡佬族》 周小艺（仡佬族）
《锡伯族》 阿苏（锡伯族） 盛丰田（锡伯族）
何荣伟（锡伯族）
《阿昌族》 们发延（阿昌族） 张斯齐（蒙古族）
《普米族》 朱凌飞（汉族） 杨周明（普米族）
《塔吉克族》 西仁·库尔班（塔吉克族）
阿力木江·西仁（塔吉克族）
《怒族》 李月英（傈僳族） 张芮婕（傈僳族）
《乌孜别克族》 吾尔买提江·阿布都热合曼（乌孜别克族）
《俄罗斯族》 乃珂热曼·依布拉音（塔吉克族）
《鄂温克族》 黄任远（汉族） 那晓波（鄂温克族）
《德昂族》 袁丽华（汉族） 王燕（汉族）
《保安族》 马少青（保安族）
《裕固族》 董潇红（裕固族） 王政德（藏族）
《京族》 吕俊彪（汉族）
《塔塔尔族》 卡米力·库尔马尤夫（塔塔尔族）
《独龙族》 李金明（独龙族）
《鄂伦春族》 王为华（汉族）
《赫哲族》 黄任远（汉族）
《门巴族》 陈立明（汉族） 张媛（汉族）
《珞巴族》 陈立明（汉族） 李锦萍（汉族）
《基诺族》 朱映占（汉族）

总序

中国是一个统一的多民族国家，几千年来，有着悠久历史和灿烂文化的少数民族，与汉族一道，在中华大地上繁衍生息，共同开发着这块土地，建设、发展、捍卫着这个古老而伟大的国家。各民族都是兄弟，相互离不开，都是这个国家的主人。习近平总书记在第二次中央新疆工作座谈会上发表重要讲话，指出："要坚定不移坚持党的民族政策、坚持民族区域自治制度。民族团结是各族人民的生命线。要高举各民族大团结的旗帜，在各民族中牢固树立国家意识、公民意识、中华民族共同体意识，最大限度团结依靠各族群众，使每个民族、每个公民都为实现中华民族伟大复兴的中国梦贡献力量，共享祖国繁荣发展的成果。各民族要相互了解、相互尊重、相互包容、相互欣赏、相互学习、相互帮助，像石榴籽那样紧紧抱在一起。要在各族群众中牢固树立正确的祖国观、民族观，弘扬社会主义核心价值体系和社会主义核心价值观，增强各族群众对伟大祖国的认同、对中华民族的认同、对中华文化的认同、对中国特色社会主义道路的认同。"因此，坚持平等、团结、互助、和谐的社会主义民族关系，不断增进了解、紧密关系，深化友谊、建立牢不可破的感情基础，是中国社会转型期、改革攻坚期、矛盾多发期保持社会稳定、发展的基本要求，也是实现中华民族伟大复兴的中国梦的基本要求。

为了进一步宣传我国少数民族的历史文化和民族风情，增强对少数民族的认识，宣传党的民族政策和方针，加强各民族之间的了解与沟通，让读者了解少数民族文化，加深对我党民族政策的理解，中华人民共和国国家民族事务委员会文化宣传司和辽宁民族出版社共同策划了《走近中国少数民族丛书》。

依据上述原则，《走近中国少数民族丛书》的编写有以下三个特点：第一，采用图文并茂的形式、鲜活生动的语言、特色浓郁的图片以及丰富的民族常识链接，向读者展示我国55个少数民族的历史渊源、民族变迁、社会生活、文化艺术、风俗习惯、历史人物和民族区域自治政策的伟大实践。第二，作者多为本民族专家学者和与民族研究工作相关的专家学者，对自己撰述的对象既有深厚知识积累，也有真挚情感。第三，内容彰显了历史与现实、民族文化与地域文化、民族区域自治地方与散杂居地区少数民族生产生活的多彩画卷和轨迹，引导读者走近少数民族，聆听他们的古老传说，感受他们的发展变化，加深彼此的沟通和了解。这套《走近中国少数民族丛书》是面向民族干部和各级干部通览我国少数民族概况的普及读本，也是图书馆必备藏书。

《走近中国少数民族丛书》所揭示的每一个民族的历史，都承载着这个民族的文化，也承载着这个民族的发展和未来。中华大地孕育的55个少数民族多彩斑斓的民族文化，同汉族文化一道从远古走到今天，汇入了中华文化壮阔的历史长河。“共同团结奋斗，共同繁荣发展”，保护、传承和弘扬少数民族优秀文化，不仅是推动我国民族团结进步事业的重要内容，也是构建和谐社会、实现中华民族伟大复兴的中国梦的重要使命。期待通过《走近中国少数民族丛书》，使广大读者徜徉于少数民族多彩风情的同时，更加深刻地了解和认知中华民族多元一体的文化内涵，感受中华民族悠悠历史的深远与厚重。

丹珠昂奔

2014年6月26日

前言

锡伯族　崇文尚武的民族

自古以来，锡伯族就生活在美丽富饶的白山黑水之间，初为打牲部落，后逐渐演变为农耕民族。康熙年间，锡伯族从科尔沁蒙古“赎出”，编入满洲八旗。锡伯族多次迁徙屯垦，驻防京师（北京）、盛京（沈阳）等地，“出则为兵，入则为农”，成为亦兵亦农的准军事民族。在民族历史发展过程中，形成了能征战、善骑射的民族特性。

锡伯族虽然人口不多，但是他们所承载的历史重担，所发挥的历史作用远远超出了想象。他们不愧为八旗劲旅中的一支精锐之师，作为保家卫国的战士，多次参加过清王朝统一祖国与平定叛乱的征战，驰骋疆场，一马当先，为捍卫中华民族的整体利益做出了卓越的贡献。

锡伯民族最大的一次历史事件，当属乾隆二十九年（1764）的西迁伊犁屯垦戍边。清政府因西部防务空虚，从盛京地区15城抽调20岁至40岁，身强力壮、善于骑射之锡伯官兵千名，携带家眷，远戍西陲。西迁锡伯官兵于乾隆二十九年（1764）农历四月十八日，在盛京锡伯家庙拜别亲人，出彰武台，经蒙古前往新疆伊犁。过荒漠、翻雪山、越天险、战疾寒，饱经艰辛与磨难，完成了一次历史上惊心动魄的英雄壮举。

锡伯族的西迁，是中国历史上的一件大事件。其意义有别于史书上记载的屡次发生过的民族大迁徙，不是由于强邻侵凌的逃亡，也不是为了寻求更好生存空间的驱驰，而是为了祖国的统一、为了祖国边疆的稳定。他们怀着忠诚的信念，一路向西，辗转万里，扎根在新疆伊犁河畔，跨马戍边，卸鞍屯垦，创造了可歌可泣的丰功伟业。除了战略作用外，锡伯族的西迁，还使民族语言文字得到保存，尤其是满族文字语言如今依然被锡伯族使用，这不仅为研究清代历史提供了史料解读的保障，也为人类多样文化共存的百花园里增添了一抹别样的色彩。西迁已经过去二百多年了，然而西迁的英雄壮举伴随着民族的发展仍然在锡伯族中传扬。

或许是出于对故土的深切思念，或许是为了牢记肩负的使命，东西两地的锡伯族有了自己独特的节日——“四一八”西迁节，这也正表明了锡伯民族的凝聚力和向心力。今天，“西迁精神”已经成为锡伯族独有的民族精神，无论东北地区的锡伯族还是新疆地区的锡伯族，都以西迁精神为骄傲，并以此自勉，因为历史上的这一次西迁，为锡伯族培育了能够自立于世界民族之林的精神气度。

每个民族都有别于其他民族的独特一面，弓箭在锡伯人的生活中占有异乎寻常的重要地位。无论是古代从事渔猎，还是编入满洲八旗从戎，都要靠精湛的箭法。弯弓射雕，效命疆场，造就了英勇善射的锡伯族。至今，先辈们能骑善射的尚武精神，仍然被一代代锡伯人所传承。更可贵的是他们还注重学习，善于采撷其他民族的精粹，相互学习、相互借鉴。这种包容的胸怀，这种大胆的气魄，在锡伯族身上表现得淋漓尽致。他们吸收、融汇虽有所选择，但绝无盲目排斥、故步自封的狭隘保守倾向。西迁新疆伊犁后，他们除了耕耘，除了娴习弓马以外，也熟读四书五经，也吟诗填词。他们尚武，立有武庙，以祭祀关公；他们崇文，建有文庙，以祭奠孔子。我国古典文学名著《三国演义》《水浒传》《西游记》《东周列国志》等，早在清朝就有满文译本，在锡伯族中广为流传，锡伯族以此为底本，衍生出不同形式的文字作品，如《三国演义》的一些章节被移植成“更辛比”(吟诵调)，在锡伯族民间广为传唱。

翻开锡伯族历史，从中就会发现，西迁新疆伊犁的锡伯族没有辜负时代赋予的使命，他们屡屡临危受命，经受住血与火的严峻考验。锡伯族官兵同其他兄弟民族一道，飞马横刀弯弓，啸傲天山南北，外御强敌蚕食，内平分裂叛乱。他们耿直忠诚，作战英勇，不避刀箭，每有战事，必尽忠诚。二百多年间，无数锡伯勇士血洒疆场，有死无降，为统一的中华民族大家庭做出了巨大牺牲，建立了不可磨灭的功勋。嘉庆年间，锡伯营总管图伯特力排众议，以九族的头颅立下生死状，率领锡伯族军民顶烈日，冒风雪，历经七年的艰苦奋战，开挖出一条口宽10米、底宽4米、深3.3米、长达100公里的生命之渠，引入伊犁河水开良田万亩，泽被子孙，造福民族。这一非凡的壮举，使图伯特成为支撑锡伯族灵魂的民族之脊梁！

一个善于学习的民族，历来极其重视民族教育，重视民族素质的提高。锡伯族在这方面是十分突出的。清朝末期，时任锡伯营总管的色布希贤目光高远，顺应历史潮流，创文明之举，开风气之先，大力兴办教育，奠定了锡伯族的千秋基业。他在锡伯营各牛录开设义学，推行双语教学，并选送锡伯子弟到惠远城专修汉文，甚至远赴俄国留学。此后，锡伯族教育更是学校蔚兴，彬彬称盛。色布希贤尽毕生精力，呕心沥血为民族教育的奉献精神，至今为锡伯人所称颂。

我国已故著名作家汪曾祺在他的一篇散文中这样写道："锡伯族是骄傲的。他们在这里驻防二百多年，没有后退过一步，没有一个人跑过边界，也没有一个人逃回东北，他们在这片土地扎下了深根。英雄的民族!"

锡伯族主要生活在东北和新疆两地，在漫长的历史进程中，东北地区的锡伯族虽然失去了语言，但是他们却守住了家园，从未放弃自己民族的身份认同，彰显了人类心灵深处对生命来源执着的探求精神。居住在新疆地区的锡伯族离开故土已有两个多世纪，在中亚众多民族文化交汇之地，奇迹般地保留了自己的语言文字以及文化传统，更加证明锡伯族是一个了不起的民族。

每个民族都是伟大的，每个民族都在用不同的存在方式、不凡的成长足迹、不寻常的发展经历来表述"伟大"这个词汇，谱写着共同的人类历史文化。

锡伯族亦然。

目录

第一章
松嫩土著

锡伯族作为中华民族大家庭的一员，有着悠久的历史和灿烂的文化。锡伯族历史有别于其他相邻的几个少数民族，经历过几次大规模的迁徙。这些牵动整个民族的迁徙，对于锡伯民族生存、发展以至于民族文化、民族心理特质的形成，都产生了巨大而又深远的影响。

初识锡伯

滔滔不息的松花江、嫩江从历史深处奔涌而来，流过了广袤的黑土地，滋养着万物生灵。默默川流的江水见证了岁月流逝，见证了江山更迭，更见证了锡伯民族的变迁。

有关锡伯族的源流，史学界说法各有不同，有人认为锡伯族与满族同源；也有人认为锡伯族与鄂伦春同祖；还有人认为锡伯族是鲜卑族后裔，“锡伯”为“鲜卑”的音转。

“锡伯”一词，为本民族自称，口语称“siwe”，书面语称“sibe”。这一名称在不同时期出现在汉文史籍中，如：“矢比”“西北”“席北”“席比”等，这些名称都是“锡伯”的不同译音和写法。“锡伯”之称，至明末清初才确定下来。

嫩江

锡伯族的历史有别于其他相邻的几个少数民族，经历过几次大规模的迁徙。这些牵动整个民族命运的迁徙，对于锡伯民族生存、发展以至于民族文化、民族心理特质的形成，都产生了巨大而又深远的影响。

这样一个人口不多的民族，为什么要数番迁徙，又为什么骨肉同胞东西分离，他们到底有过怎样一段与众不同的民族发展史？

从打牲部落到八旗劲旅

锡伯族先民最早生活在松花江、嫩江流域，这里山高林密，江河滔滔，野兽出没，物产丰富，是一个天然的大猎场。古代的锡伯人架鹰带犬，弯弓搭箭，与相邻的各部族一起，射猎于造物之主赐予的山林河川之间，他们的这种渔猎生活在当时的一首民谣中有着形象的反映：“棒打獐子瓢舀鱼，野鸡落在砂锅里。”

锡伯人在自己的故土上生活得自由而自在，随心又惬意！

遗憾的是，这种“自由”“随心”的生活并没有太长久。随着一个个强大政权的建立和更迭，弱小的锡伯族渐渐地沦为依附，从渔猎部族逐渐转化为强大部落的战争工具。锡伯人“出则为兵，入则为农”，常常为所依附的统治集团当兵服役，驻防、调防，迁徙无定，成了半职业化的军事民族。于是，锡伯人逐渐地远离了他们的家乡，许多地方便开始有了他们的足迹。

16世纪末，努尔哈赤统领的建州女真部势力在东北崛起，此时，锡伯族已发展成为一个较强大的部落集团。新兴的建州女真贵族集团为了扩张自己的领域，对邻近部族相继展开了大规模的征伐，给邻近部落带来了严重的威胁。万历二十一年（1593）农历九月，为了遏制建州女真部的扩张，保卫各自部族的利益，叶赫、哈达、辉发、乌拉、讷殷、朱舍里、科尔沁、锡伯、卦尔察部落组成联军，约三万人马攻打建州，建州女真首领努尔哈赤率部在古勒山迎战。此战的结果是努尔哈赤大获全胜，九部联军失败。这就是史书上记载的“九国之战”。

▲

《漫话锡伯族》书影

▲

《沈阳锡伯族志》书影

九国之战

▼

关于“九国之战”，《大清太祖高皇帝实录》卷二中有详细记载：“那一年（癸巳年）九月，叶赫部的布斋贝勒、纳林布禄贝勒，哈达部的孟格布禄贝勒，乌拉部的满泰贝勒之弟布占泰贝勒、辉发部的拜音达哩贝勒，北方嫩江科尔沁蒙古部的翁阿岱、莽古思、明安，锡伯部，卦勒察部，珠舍哩路主裕楞额、讷殷路主搜稳、塞克什，九姓兵马会聚一处，分三路而来。这次战争，

知识链接 **蒙古八旗的设立** 蒙古八旗是清代八旗组织的三个组成部分之一，与满洲八旗、汉军八旗共同构成清代的八旗的整体，编制与满洲八旗相同。皇太极把归附于后金的蒙古降众和早已降于后金编在满洲八旗下的部分蒙古人，统一组编成蒙古八旗。

蒙古八旗的创建是在蒙古牛录的基础上逐渐发展而成的。蒙古始编为牛录，大约始于天命六年（1621），这一年喀尔喀蒙古台吉古尔布什、莽果尔率属众600余户归附努尔哈赤，努尔哈赤授古尔布什和莽果尔为总兵，拨满洲牛录和蒙古牛录各一给古尔布什。蒙古牛录隶属于满洲八旗，天聪八年（1634）改左、右营为左、右翼。

蒙古八旗是在蒙古牛录的基础上，组建蒙古旗，后又改为左右翼，蒙古归附后金人数日益增多，为了笼络蒙古贵族，扩充兵源，在此基础上加上喀喇沁原有1.6万余壮丁，分编成蒙古八旗。每旗300人为一牛录，由牛录额真统领，五牛录组成一参领，五参领组成一旗。蒙古八旗每旗设有都统一人，副都统二人，还设有参领、佐领等。各旗设有都统衙署，分办各项事务。都统和副都统掌本旗之政令，宣布教养，稽查户口，序其官爵。蒙古八旗入关后，也曾担负保护京师和驻防各省的任务。

▲

格登碑亭

杀敌四千，获马三千、甲一千。从此满洲威名大震。”

以努尔哈赤为首的女真统治者，极力巩固他们在东北的统治。他们深知，必须全部征服骁勇善战的东北各部落，以解除后顾之忧，为日后更大规模的征服战争准备必要的人力、物力和财力。因此，他们对东北各部落采取利诱和威逼并用的手段，与已降部落的贵族联姻，给予高官厚禄；对未降的部落，则用武力征服。

早在“九国之战”以前，锡伯部落已一分为二，分化为两个部分。一部分锡伯部落的贵族们慑于努尔哈赤的威力，带着本部落民众归顺了满洲，加入满洲籍。另一部分锡伯族远离了建州女真。“九国之战”以后，科尔沁蒙古诸部陆续归附于努尔哈赤建立的后金国，努尔哈赤与蒙古联姻，进而将科尔沁蒙古编为蒙古八旗。在这过程中，一部分依附于科尔沁蒙古部的锡伯族，也按姓氏编设佐领、分归各旗，成为蒙古八旗的组成部分。札萨克（蒙古语，旗长之意）由蒙古王爷、台吉等贵族充任，以及管旗章京、参领等要职都由蒙古族担任，锡伯族只能任参领、佐领和骁骑校等末职。

编入蒙古旗的锡伯人，除向科尔沁蒙古王公台吉等纳税服役外，还得去应对清政府的各种徭役官差，遭受双重剥削和役使，

瑷珲边界卡伦图

负担沉重。

沙皇俄国原本是一个欧洲国家。16世纪，沙俄的势力越过乌拉尔山，向东扩张，侵占了西伯利亚。17世纪中叶，沙俄的军队窜入黑龙江流域，强占了雅克萨、尼布楚等地。康熙二十四年（1685），康熙皇帝派都统彭春等人率军以水、陆两路向雅克萨进军，大败沙俄侵略军，收复了雅克萨，拆毁了沙俄侵略军修建的城堡。可是清军刚刚班师回朝，沙俄侵略者乘机又侵占了雅克萨。次年，康熙皇帝又派将军萨布素等人，再次率军队反击，清军把雅克萨围困了半年，击毙了沙俄侵略军头目托尔布津。康熙二十八年（1689），中俄双方在尼布楚签订了中俄《尼布楚条约》。

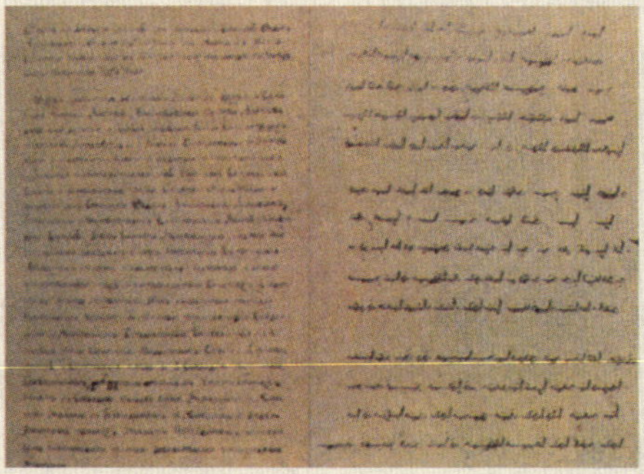

中俄《尼布楚条约》俄文、满文本（局部）

知识链接 中俄《尼布楚条约》签订后，清政府在额尔古纳河东岸、宁古塔、珲春等地设立许多卡伦，并派兵定期巡视中俄两国之间的界碑，使边界管理得到有效的加强。

康熙二十七年（1688），准噶尔部噶尔丹率军越过杭爱山，侵占漠北喀尔喀蒙古，喀尔喀三部被迫南迁。康熙帝御驾亲征，击败噶尔丹。康熙二十九年（1690），噶尔丹又率众东侵至乌珠穆沁，劫掠漠北、漠南蒙古诸部，致使大批喀尔喀人、巴尔虎人逃散至黑龙江、齐齐哈尔等地，索伦、达斡尔等部人心惶惶，四处逃散。

鉴于形势紧迫，清政府命令黑龙江将军萨布素筹办黑龙江防务。当时，由于全国驻防需要，多年不断从东北满洲、索伦、达

噶尔丹致俄国沙皇信件

斡尔部选丁披甲，迁驻关内，致使东北地区满洲八旗兵源不足。因此，从何处选丁披甲驻守黑龙江就变成了清政府非常棘手的问题。几经廷议，康熙皇帝最后决定将锡伯族等编入满洲八旗。

康熙三十年（1691），康熙皇帝派遣蒙古活佛到科尔沁蒙古地区会见科尔沁蒙古王公，说服他们进献所属的锡伯、卦尔察、达斡尔等部军民。几经斡旋，于康熙三十一年（1692），科尔沁蒙古王公将锡伯、卦尔察、达斡尔等14 458丁口全数进献给清政府，编入满洲八旗。从此，锡伯族就全部被置于清帝国的直接统治之下，成为满洲八旗的一支劲旅。

伊犁河撒网捕鱼

太上皇帝之寶

第二章
卫国远征

在浩瀚的中国历史激流中，锡伯族迁徙书写了壮丽的篇章，是中国历史族群迁徙的伟大壮举，史诗般的迁徙随着时间的消逝，湮没于历史深处。尽管如此，通过历史的记载和族群的记忆仍将其展现在我们的视野。

南迁驻防

清政府将锡伯族从科尔沁蒙古“赎出”后，最初安置在齐齐哈尔、伯都讷（今吉林省扶余县）、乌拉吉林（今吉林市）三城驻扎。然而，移驻齐齐哈尔等地不到七年，锡伯族又一次举族迁徙。74个牛录的锡伯人由驻地齐齐哈尔、伯都讷、乌拉吉林三城迁往京师（今北京）、盛京（今沈阳）和山东德州驻防。这一次迁徙，在历史上被称为锡伯族南迁。

康熙三十七年（1698），康熙皇帝巡幸东北时，看到“盛京、乌拉官兵，不知法度，风气极坏”，官员不能管束兵丁，兵丁多不训练，“将军、副都统、协领、章京、骁骑校并不效力”。康熙皇帝对此十分震怒！东北的驻防八旗有衰败迹象，亟待整顿。

满族入主中原后，不断由东北抽调满族官兵驻守全国城镇要塞，致使盛京兵源不足，而补充到盛京的兵丁因壮丁日少，兵源枯竭，多为“懦弱之辈，家奴披甲”。同时京师也急需补充兵力以加强防务。两京防务实为大事，然而，从哪里补充一批兵丁呢？康熙皇帝为此颇伤脑筋。

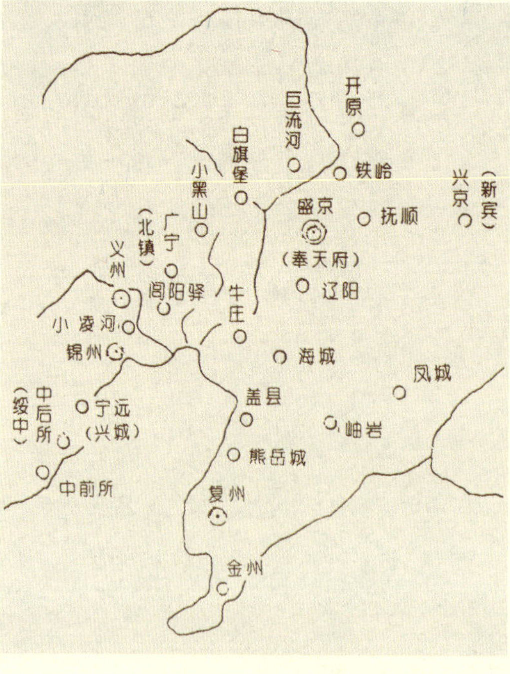

锡伯族南迁盛京驻防图

就在此时，驻守在齐齐哈尔的锡伯兵营里出了一件事，锡伯佐领阿木胡朗等不知何故旷误了防哨，此事上报到黑龙江将军萨布素。萨布素大怒，认为锡伯人自从编入满洲八旗设官披甲、供食俸饷以来，已有五六年，但仍不遵法令，军纪散漫，致使竟敢旷误防哨，

▲

沈阳市沈北新区锡伯族牌楼

若不加以惩处，则难以管教、操练。因此他上奏康熙皇帝，建议将锡伯族南迁京师、盛京等地，一则加强管教，二则补充兵力。康熙皇帝立即准奏，认为锡伯原本就是打牲部落，善于骑射，正适合迁入两京，稍加训练，严格管带，替换八旗兵内的弱甲，加强京师、盛京防务。

就这样，从科尔沁蒙古“赎出”，迁驻至齐齐哈尔、伯都讷、乌拉吉林等三城驻防的锡伯族，再次踏上了迁徙之路。

这一次的锡伯族南迁，军令严苛，条件恶劣。清政府要求锡伯人迁徙所用的车马、粮食都要自行解决，并不顾行程远、时间紧的困难，强令伯都讷、乌拉吉林的锡伯人必须不误农时，于春耕前抵达迁徙目的地。于是，乌拉吉林共20个牛录锡伯军民，在清政府的紧催下，于康熙三十八年（1699）初起程，同年四月到达京师。

同时伯都讷30个牛录锡伯军民也在春耕前到达了盛京。这是第一批到达盛京的锡伯人。

黑龙江将军萨布素将齐齐哈尔的24个牛录锡伯军民分成两队，第一队12个牛录锡伯军民于康熙三十八年（1699）二月十九日起，从齐齐哈尔起程，于同年二月二十六日到达伯都讷。札斯泰、阿玉锡、迪延等12个牛录锡伯军民到达伯都讷，在已经迁走的伯都讷锡伯族耕地上种田收获粮草后，继续南迁，于康熙三十九年（1700）正月二十六日到达盛京，这是第二批迁到盛京地区的锡伯人。

▲

沈阳市锡伯之乡牌楼碑记（锡伯文）

第二队12个牛录锡伯族军民编为三个小队，钦派黑龙江副都统耿格依统率。自康熙三十九年（1700）农历正月七日从齐齐哈尔起程，参照第一队，先到伯都讷耕种，收获后，继续南迁，于康熙四十年（1701）春到达盛京。这是第三批迁到盛京地区的锡伯人。

▲

沈阳市锡伯之乡牌楼碑记（汉文）

清政府严令锡伯族自力南迁的举措，给锡伯人民带来了巨大的困难，他们不得不变卖家产换取牲畜，用以驾车驮物。迁徙途中历尽无数艰辛，数以千计的锡伯人因劳累过度，贫病交加，命丧途中。很多人难以忍受路途的艰难和眷恋故土，于是逃脱迁移队伍。然而，逃脱后也难逃厄运。当时的宁古塔将军沙那海为锡伯军民在迁徙途中死亡人口一事给黑龙江将军萨布素的咨文中有详细统计："由齐齐哈尔送至伯都讷时逃、亡二百八十一口；到

知识链接 乌拉吉林迁京师的锡伯兵丁则分派到顺天府所属的顺义（今北京市顺义区）、良乡（今北京市良乡县）、三河（今河北省三河市）和安东（今河北省安次区）等地，驻守关卡。

黑龙江将军府 ▶

伯都讷后逃、亡二百〇一口；由伯都讷起程前逃、亡，起程后途中逃、亡二百三十九口。”沙那海在咨文中称“奉旨”对途中逃亡者要严加查拿，曰：“先后逃、亡之人，足以千计……”这只是12个牛录锡伯军民死亡的人数，那么74个牛录锡伯军民死亡的人数该是多少呢？

74个牛录的锡伯军民举族南迁京师、盛京两地后，不再像以往一样专设锡伯牛录，而是被分派到各地效力，并且将锡伯人原有的官职全部罢免。乌拉吉林的锡伯人到达京师后，一部分留在京师，分散在满、蒙古八旗里披甲当差。自康熙五十六年（1717）起至光绪二十九年（1903）止，凡遇皇帝巡幸谒陵，上驷院的牧厩（畜圈）什役不够用，就从满、蒙古八旗里专门选用锡伯人来充当什役，少则几十人，多则数百人不等，负责随驾太监备马、牵驼等杂活。

迁到盛京的锡伯人除分驻盛京外，还派驻到开原、铁岭、抚顺、兴京（今新宾）、辽阳、牛庄（今海城）、盖州、熊岳、复州、金州、凤城、岫岩、巨流河、白旗堡、小黑山、广宁（今北镇）、闾阳驿、义州、小凌河、锦州、宁远（今兴城）、中后所（今绥中）、中前所（今绥中前所）等23处。锡伯军民分派到这些地方数目不等，多则数百名，少则数十名，替换原满洲八旗中的“懦弱之辈”。分驻各地的总人数，约在6万人。

修建太平寺

康熙年间，锡伯兵丁连同家属共54个牛录数万人分三批迁入盛京。自此，盛京地区的锡伯人一年比一年多起来。

锡伯族原本信仰萨满教，归顺科尔沁蒙古部后，逐渐改信

知识链接 萨满教是锡伯族信仰的原始宗教。萨满教的基本观念是崇拜大自然，相信鬼神存在，万物有灵。它把自然界划为三界。天（天堂）为上界，是众神所居之地；地为中界，是人类所居之地；地狱（阴间）为下界，是魔鬼所居之地。锡伯族认为，萨满是居于人和鬼神之间的使者，有时萨满可做鬼神的代言人，向人转达鬼神的意愿和要求，又可代表人去向鬼神祈祷、问卜。

▲

锡伯家庙

藏传佛教。迁入盛京后，一直没有一个本部族的人做佛事的寺庙。康熙四十六年（1707），盛京锡伯族官兵共同筹集了60两白银，在盛京城小西边门外购置了5间房屋，请来工匠塑造佛像，又从京师请来了《甘珠尔经》（大藏经）108部，建成了太平寺，也就是现在位于沈阳市和平区皇寺路的锡伯家庙。此后，逢年过节，锡伯人便来到这里拜佛、诵经，祭祀祖先。后来相继有许多人出钱扩建太平寺。

乾隆十七年（1752），协领巴岱等锡伯族众人，为锡伯家庙修建了大殿、两厢配殿各3间、正门3间，并恭请三世众佛。至此，太平寺形成了寺院规模。

乾隆四十一年（1776），协领罗卜藏等锡伯众人进一步修葺，使之臻于完善，形成前殿、中殿、后殿处于南北中轴线布局。嘉庆八年（1803），梨树沟边门章京华沙布在大殿前的东、西两侧，刻立了两座石碑。西侧的石碑是用满文撰写的，东侧的石碑是用汉文撰写的。

碑文不仅记载了锡伯家庙的创立、扩建和修缮的经过，还简略地记载了锡伯族迁达盛京的经过，把三百多年来锡伯族历史保存了下来。

华沙布所立两座石碑，如今尚有一座满文碑收藏在沈阳故宫

知识链接 锡伯家庙碑文中说：“会通三世众佛智慧，推广三乘教义，光大释迦牟尼佛法，并具有光辉历史和古老传说的锡伯部，原先环海拉尔东南扎兰绰罗毕喇流域而居，而后在齐齐哈尔、墨尔根、伯都讷等处，被编成七十四个牛录，住了四十余年。康熙三十六年，圣祖仁皇帝施与高厚恩典，将锡伯人等编为三队，于康熙三十六、七、八年移入盛京，并分别派遣到各地驻防，奋勉效力。康熙四十六年，众锡伯人等总共用了六十两银子，买得五间房子，建立为太平寺庙宇。从京城请来甘珠尔经卷一百〇八包，每年四季集合众喇嘛，不断念经，以偿夙愿。乾隆十七年，固山大巴岱，牛录章京德音布、阿福禧等和众锡伯人等，同心协力，修建正殿三间、两厢配殿各三间和正门三间，敬谨供奉着三世佛。乾隆四十一年，固山大罗布桑、拉锡、德固素、绰第等，和众锡伯人等修缮了全寺，设立了宗喀巴大师、五方佛、四天王的像，并增置了般若经。每年四季，不停地念（经），千古不绝。嘉庆八年七月十六日，梨树沟边门章京加一级、记录二十一次华沙布敬立。”

▲ 锡伯家庙碑文（满文）拓片

博物院。在锡伯家庙正殿的正中悬挂着“锡伯家庙”四个烫金大字的匾额，是咸丰年间驻守盛京城的锡伯族协领色普铿额敬献的墨迹。

锡伯家庙历经几次扩建，功能日益完善。到光绪年间，共建有殿房35间。锡伯家庙为藏传佛教寺庙，是目前我国仅有的一座一院两进式的寺庙，具有独特的锡伯族风格，同时还兼容蒙古族的建筑风格。寺庙近似长方形，坐北朝南，分东西两院。虽然规模不大，却布局整齐。前殿、中殿和大殿都分布在一条由南向北

◀ 锡伯家庙内景

锡伯家庙祖先牌位

的中轴线上。前殿和中殿之间，东西两侧有厢殿各3间。后殿两侧有1座关帝庙，东侧有文昌殿和龙树殿。龙树殿左侧有3间禅房，是住持喇嘛居住的地方。寺内主要供奉释迦牟尼、八大菩萨、四大天王等佛像。锡伯家庙的东西两院由一道花墙隔开，花墙中间有两座月亮门，使得寺庙院中有院，显得古朴典雅，庄严肃穆。寺院内苍松翠柏挺拔，古槐亭亭如盖，幽雅静谧。

每逢重要节日或有重大行动，锡伯族众人都前来拜家庙、祭祖先，这是一项庄严而又盛大的活动。锡伯家庙的建成和逐步完善，标志着锡伯族完成了从漂泊的渔猎民族向定居的农耕民族的转型，锡伯族的文化也完成了由自然萌发的初创时期，进入了以融合、吸纳为基础的，富有本民族特点的文化形态。锡伯人通过对自己血统的确认和对先祖的敬重，塑造着民族的心理特质。

与其他佛寺不同的是，锡伯家庙内除了供奉众佛之外，还供有关公（关羽）雕像，每年在农历六月初十关公生日和农历五月十三关公单刀赴会之日祭拜关公两次。锡伯族把关公奉若神明，主要是敬仰他英勇无畏、忠诚不渝、义薄云天的精神。希望自己的子孙后代能在关公的保护下，知书明礼，通达禄位。这样，每

锡伯族纪念西迁245周年合影

年锡伯家庙在春节、农历四月初八佛诞节和关公的两个祭日都是庙门大开，举办隆重的庙会，锡伯家庙一时间成为盛京地区香火鼎盛的圣地之一。

乾隆二十九年（1764），清政府为免除新疆边防之患，从盛京所属15城中抽调锡伯官兵连同家属4000余人西迁至新疆伊犁戍边。出发前，曾经饱受南迁之苦的锡伯族军民，又为这次远征忙碌起来。盛京的锡伯族同胞聚集在锡伯家庙，祭奠祖先，馨香祈祝平安，盛排筵宴，为远征西陲的亲人壮行。西迁的4000余名锡伯军民和家乡父老同席共饮，依依话别……勇敢的人们告别亲人，扶老携幼，从锡伯家庙出发，踏上了漫漫西迁之路。从此，锡伯家庙就成了东北、西北锡伯族凭吊历史，追思先祖，维系血脉亲情的圣地，也成为向子孙后代进行传统教育的地方。从此农历四月十八这一天也成为锡伯族每年都要纪念的“怀亲节”，又称“四一八”节。锡伯家庙祭祖话别以后，锡伯家庙成为珍贵的历史遗迹，也是西迁的标志和民族的神圣象征。为了使锡伯家庙得到修缮并且香火不断，锡伯族人又集资购买了一些土地、房屋作为庙产，租赁经营，这些收入用做锡伯家庙的经费支出。

来自新疆地区的锡伯族在锡伯家庙前合影

知识链接 **西迁节** 锡伯民族的西迁戍边纪念日，因时间是农历四月十八日，所以也称“四一八”节，因有怀念亲人之意，又叫“怀亲节”，锡伯语为“杜音拜专扎坤”。

锡伯家庙经历战争与“文化大革命”的破坏，仅中殿保存下来。恢复太平寺，弘扬锡伯族西迁精神，把锡伯家庙作为爱国主义教育的场所，其意义就显得尤为重要。为满足锡伯族同胞的夙愿，挖掘锡伯家庙的历史文化内涵，增加锡伯家庙的宗教古韵，沈阳市人民政府于2003年决定恢复锡伯家庙，并投入巨资进行了修复。一年后，在锡伯族西迁240周年之际竣工剪彩。从此，锡伯家庙又得以重现昨日的风采和气派。2006年，锡伯家庙被国务院确定为全国重点文物保护单位，成为名副其实的“国宝”。

征讨准噶尔和大小金川

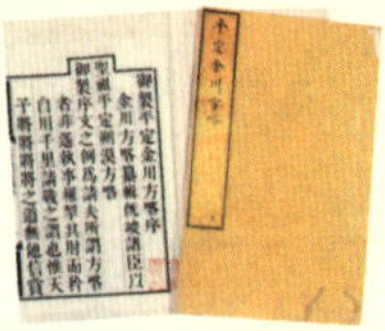

《平定金川方略》书影

锡伯族编入满洲八旗后，因其骁勇善战，成为满洲八旗的重要战斗力量。

游牧于巴尔喀什湖以东、天山以北伊犁河流域的准噶尔部是明代漠西厄鲁特（即卫拉特）蒙古四部之一。17世纪中叶，噶尔丹拥有准噶尔部统治权后，不断向四周扩张势力。出兵青海，攻打和硕特部；进兵天山南路，灭叶儿羌汗国；勾结沙俄，侵犯喀尔喀蒙古。准噶尔部发展成为一股强大的地方割据势力，既控制天山南北，又威胁青海、西藏和喀尔喀蒙古。清政府为了歼灭其割据势力，实现国家统一，康熙、雍正、乾隆三朝长期用兵于准噶尔部。到了乾隆二十二年（1757）平定阿睦尔撒纳之乱，最终戳除了准噶尔部的割据势力。

在平定准噶尔部的战斗中，锡伯官兵应征参战，卓有战绩。康熙二十九年（1690）噶尔丹引兵南犯，康熙帝“命内大臣苏尔

《平定金川战图册·收复小金川》

▲

《广舆胜览图·大金川人》

▲

《广舆胜览图·小金川人》

达赴科尔沁征蒙古师备御”。当时在科尔沁蒙古旗内的锡伯官兵参加了阻击噶尔丹南犯的战斗。康熙三十四年（1695）黑龙江将军萨布素选派齐齐哈尔400官兵，参加了次年征讨噶尔丹的战役。雍正十年（1732），清军同准噶尔部噶尔丹策零大战于额尔德尼召等地，接连报捷。当时参战的锡伯官兵，英勇杀敌，屡立战功。

乾隆十二年（1747），四川大、小两金川土司相继发动战乱，攻犯近邻，清政府于是兴师征讨大、小金川。经过多年的战斗，于乾隆四十年（1775）平定了大、小金川。当时，盛京的锡伯族官兵执戈从戎，屡建战功，受到清政府的奖赏。这从锡伯官员的履历单中可以得到证明。据记载，锡伯图克苏“金川出征一次，得赏银九两、绸二匹、荷包一对”；锡伯布棱贵“随副都统哲库讷兵队，金川出征一次，得赏银二两”。盛京锡伯官兵从征大、小两金川，为平息地方之乱、维护社会稳定贡献了自己的一分力量。

远征云南

乾隆三十年（1765）以来，缅甸孟艮土司召散等不断侵犯我国云南普洱府境，攻占东里等地，对边境居民进行烧杀抢掠，无恶不作。次年又纵兵围攻腾越、永昌等地，使云南少数民族遭到无端损害。

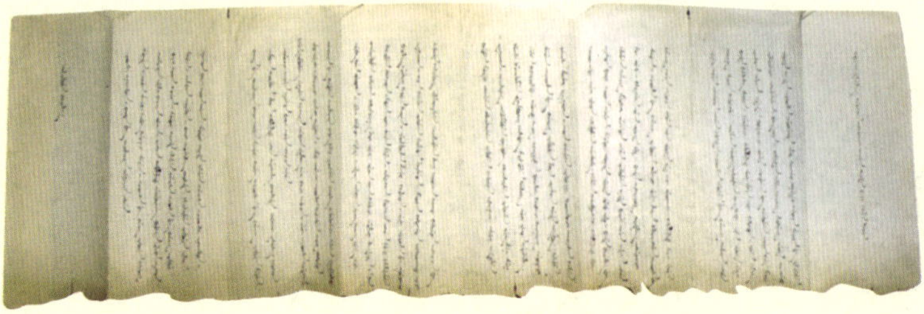

锡伯官兵赴云南事致军机处呈文

乾隆三十二年（1767），清政府以明瑞为云贵总督，率军反击缅甸孟艮土司召散，结果为缅军所败。缅军的气焰更加嚣张，向我纵深进攻。乾隆三十四年（1769）由于形势所迫，清政府谕令盛京将军恒禄等选派所属锡伯官兵作为增援赴滇作战。盛京将军遵旨挑选盛京锡伯精兵强将千名，编为两队，于同年农历四月初开赴云南，到京师后改编为五队，分别编入吉林兵、厄鲁特兵之内，先后起程。经过两个多月的艰苦行军，于农历七月中旬抵达云南前线。他们在云南前线据守渡口，驻守要塞，设置驿站，投阵作战，经过数月交战，与其他兄弟民族官兵一道，同仇敌忾，英勇作战，挫败了缅军气焰，缅甸当局慑于大军威力，被迫与清军议和，锡伯官兵驱逐缅甸侵略者的战役取得最后胜利。

锡伯官兵又一次临危出征，维护了祖国西南边陲的安宁，完成了赴滇驱敌的重任，105名锡伯官兵在这次战争中英勇捐躯。乾隆三十五年（1770）正月初六日起，远征云南的锡伯官兵895人，分队先后撤回盛京。

北返屯田

锡伯族南迁京师及盛京之后，经过康熙、雍正、乾隆三朝的经营，人口迅速增长，但经济发展相对落后，造成了余丁繁多而财政拮据的局面，有相当一部分成为“苏拉”（闲散）人员。他们没有固定收入，不能养活自身和家口，于是清政府采取了移民屯田的措施。嘉庆二十五年（1820），清政府把京师、盛京、复州、金州、岫岩、凤凰城等地“苏拉”锡伯兵丁及其家属，分批迁返黑龙江双城和阿拉楚喀等地，移旗屯田，开荒种地，并缴纳官粮。

双城堡位于哈尔滨市西南，松花江围其西北，拉林河绕其西南，背江面河，气候温润，土地肥沃，五谷均宜。

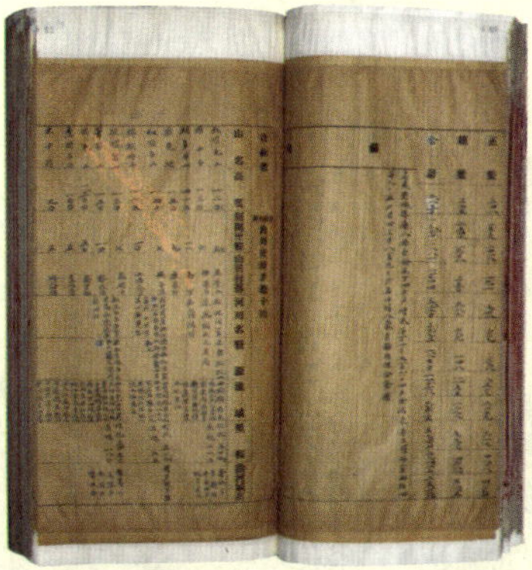

记载着锡伯族北返黑龙江的档案资料

嘉庆十九年（1814），吉林将军富俊奏本请求到双城地方开垦屯田。准奏第二年，富俊带领下属到双城实地勘察，制订了移旗、建屯、垦荒计划。嘉庆二十三年（1818），从吉林调任盛京将军的富俊又奏称：“查双城堡尚有荒地二分未垦，与其荒弃，莫若即行开垦，俾早得谷价，可成善举。拟于盛京、吉林八旗，无论满洲、蒙古、汉军各项旗人情愿前往屯种，旗丁拣苏拉（闲散）两千名，置买牛条器具，挖立井眼，搭盖窝棚，于嘉庆二十五年春正月前往屯垦。”

奏请批准后，移民屯田按计划进行。据光绪三十三年（1907）吉林双城堡八旗户口男女统计：前来双城堡垦荒屯田的“西伯（锡伯）四百九十三户，男女三千八百九十六口，是列入蒙古栏内，理合声明”。

知识链接 黑龙江将军，全称镇守黑龙江等处地方将军，清代黑龙江地区最高官员，康熙二十二年（1683）设立，官阶为正一品，乾隆三十二年（1767）改为从一品。萨布素是首任黑龙江将军，至光绪三十三年(1907)，清政府行东北新政，设黑龙江行省，裁撤黑龙江将军。最后一任的黑龙江将军程德全改署黑龙江巡抚。

黑龙江等处地方将军印

北返屯田的旗民，仍按八旗编制，本着“出则为兵，入则为民，有事征调，无事耕猎”的原则，在双城堡建立24个旗，每旗5个村屯，每村为1个营子，共计有120个营子。迁来的锡伯族每屯户数不等，最多不超过8户。凡是计划内的拨民户，每丁给银25两补贴，籽种2石，每户给荒地30垧，20丈见方的房基地，设有共用的碾磨、水井，官置牛具。

锡伯族部分军民由京师、盛京北返黑龙江垦荒屯田，开始了锡伯族历史发展新的途径，亦兵亦农的屯垦戍边生活贯穿了锡伯族的整个历史。

第三章
屯戍西陲

……

奉天省的锡伯啊眷恋故地，
亲吻着沃土呜咽哭泣；
圣命如山忍痛又割爱，
眼望故乡十步九回难离去。

……

17世纪末，锡伯族肩负着清政府屯垦戍边的重任，踏上了漫漫西迁征程，用“西迁精神”谱写着爱国主义的辉煌一页。时至今日，锡伯族同胞仍然继承着先辈的光荣传统，满怀豪情地为祖国的兴旺昌盛而不懈奋斗。

万里西迁

钦定西迁

清代新疆疆域，比现在还要辽阔。清初的新疆为卫拉特蒙古的准噶尔、和硕特、杜尔伯特、土尔扈特四部属地。卫拉特蒙古是我国古代北方草原民族。在当时，卫拉特四部蒙古之一的准噶尔部势力最大。准噶尔部落上层贵族噶尔丹等勾结沙俄，制造分裂，攻略喀尔喀蒙古，侵袭青海、西藏，侵扰哈萨克、布鲁特等，成为康熙、雍正、乾隆三朝的最大边患。从康熙二十九年（1690）至乾隆二十二年（1757），清政府多次出兵，最后将其平定。

乾隆二十年（1755）五月，清政府出兵平定新疆准噶尔分裂势力，清军攻克伊犁，释放被噶尔丹部作为人质禁锢在新疆伊犁的大和卓（波罗尼都）、小和卓（霍集占）。波罗尼都率领他的弟弟霍集占等30多人投奔清朝军队。新疆伊犁平定后，清政府命令大和卓返回南疆叶儿羌（今莎车）招抚旧部，统领维吾尔民众。

《平定伊犁回部战图册·霍斯库鲁克之战》

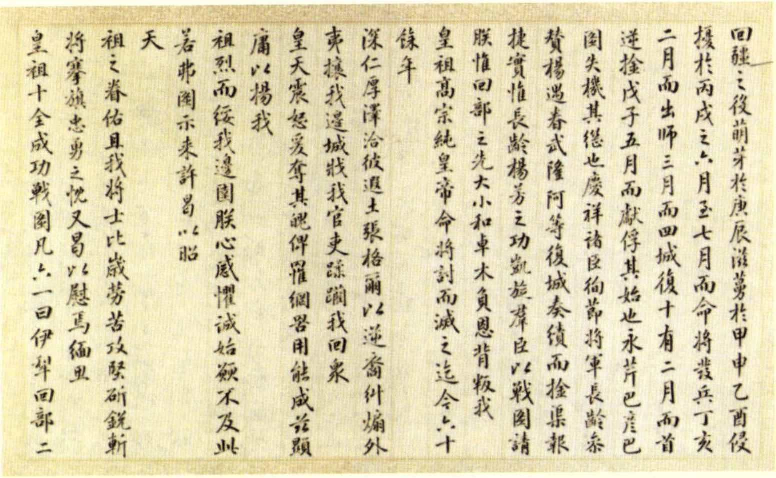

回疆之役萌芽於庚辰滋蔓於甲申乙酉侵擾於丙戌之六月至七月而命將發兵丁亥二月而出師三月而四城復十有二月而首逆擒戊子五月而獻俘其始也永芹巴彥巴圖失機其繼也慶祥諸臣徇節將軍長齡參贊楊遇春武隆阿等復城奏績而擒渠報捷實惟長齡楊芳之功凱旋群臣以戰圖請朕惟回部之先大小和卓木負恩背叛我
皇祖高宗純皇帝命將討而滅之迄今六十餘年
深仁厚澤洽彼遐土張格爾以逆裔竄外夷擾我邊城戕我官吏蹂躪我回眾
皇天震怒爰奪其魄俾罹網罟用能成茲顯庸以揚我
祖烈而綏我邊圉朕心感懼誠始願不及此若弗圖示來許曷以昭
天
祖之眷佑且我將士比歲勞苦攻堅斫銳斬將搴旗忠勇之忱又曷以慰焉緬惟
皇祖十全成功戰圖凡六一曰伊犁回部二

《平定回疆战图册·序》

小和卓留伊犁掌管伊斯兰教务。乾隆二十一年（1756），小和卓霍集占从伊犁逃走，参与了卫拉特蒙古辉特部首领阿睦尔撒纳发动的叛乱，他们二人趁新疆形势还未稳定之机，在天山南路发动武装叛乱，妄图割据天山南路。清政府被迫用兵，历时两年多，于乾隆二十四年（1759）将其平定。

内忧既除，外患又在悄悄萌生。早已觊觎我国西部地区的沙俄，这时候开始采取步步为营的堡垒政策，逐步向我国领土推进，妄图蚕食吞并，对清政府造成很大威胁。

《盛京将军奏锡伯族西迁伊犁奏折》

沙俄在征服西伯利亚汗国之后，就开始与我国的准噶尔部接触，并且开始加强对我国西北地区地理、部族的了解。贪婪成性的沙皇统治者一眼就看中了我国西北地区辽阔富饶的土地，企图霸占。

自万历三十二年（1604）始，沙俄就开始向额尔齐斯河左岸推进，将喀尔木克人、巴拉宾斯基人和其他突厥部落当作自己的属民，驱使哥萨克人到额尔齐斯河附近的一些湖泊里去取盐。他们还从托博尔斯克、秋明、图林斯克等地征集军队，用武力进攻准噶尔部，但遭到准噶尔部军民的坚决抗击。

崇祯七年（1634）至康熙十年（1671），在巴图尔珲台吉和僧格统治准噶尔时期，沙俄用威逼、利诱等手段，妄图让准噶尔部臣服于他们，结果均未得逞。

此后僧格被其弟弟噶尔丹篡权夺位，噶尔丹夺取了准噶尔的最高统治权。噶尔丹是个野心勃勃的人，在沙俄的引诱和策动

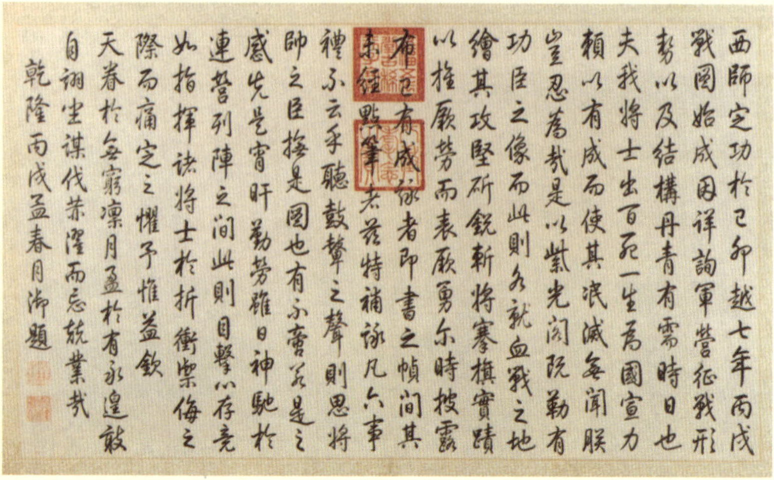
西師定功於己卯越七年丙戌
戰圖始成因詳詢軍營征戰形
勢以及結構丹青有需時日也
夫我將士出百死一生為國宣力
賴以有成而使其泯滅無聞朕
豈忍蕎哉是以紫光閣既勒有
功臣之像而此則各就血戰之地
繪其攻堅斫銳斬將搴旗實蹟
以旌厥勞而表厥勇爾時披露
布已有成詠者即書之幀間其
未經點筆者並特補詠凡六事
禮不云乎聽鼓鼙之聲則思將
帥之臣擬是圖也有不啻若是之
感先是宵旰勤勞雖日神馳於
連營列陣之間此則目擊心存竟
如指揮諸將士於折衝禦侮之
際而痛定之懼予惟益欽
天眷於無窮凜月盈於有永遑敢
自詡其謀伐恭瀅而忘統業哉
乾隆丙戌孟春月御題

《平定伊犁回部战图册·序》

下，噶尔丹发动了配合沙俄侵略进攻喀尔喀蒙古的战争。两次内乱以及沙俄扩张主义的侵略行径，给清政府带来了沉痛的打击和教训。新疆天山南北广大地区为皇朝国土，经营新疆伊犁地区尤为重要，不能没有重兵驻守，而且必须要有八旗兵驻防。因此，准噶尔部和南疆的大、小和卓叛乱戡定后，清政府并未立即撤走戡乱官兵，而是置于各要隘台站及交通要道驻守。

阿布散特尔卡伦遗址

乾隆二十七年（1762），清政府建立了统辖天山南北两路的军政合一的军府制，设置总统新疆伊犁等处将军（简称伊犁将军），在新疆伊犁惠远城（今新疆维吾尔自治区伊犁哈萨克自治州霍城县惠远镇）设将军府，谕派明瑞为首任伊犁将军，总理新疆军政事务，把新疆置于中央政府直接管理之下。从此，伊犁成为新疆政治、军事、经济中心。接着由内地调遣大批八旗兵进驻天山南北各地。随着驻军的到来，戡乱官兵才陆续撤回内地。

明瑞画像

乾隆二十八年（1763）十月初，伊犁将军明瑞等就

《皇清职贡图卷·伊犁等处台吉》

屯田、筑城，设置卡伦、驻军等问题，到塔尔巴哈台等地实地勘查。然后向中央奏请在塔尔巴哈台筑城设卡，调兵驻防，同时对这一部分驻防兵丁的来源问题也提出具体建议。由于当时派来戡乱的军队，大部分系步兵，“其步射、枪法尚可，而马背技艺，一时不能谙练。即使苦练，亦需数年之暇”，且数量不敷南北分散之用。因此他建议从盛京调遣精于骑射，英勇善战的锡伯兵丁进疆。

格登碑局部

清政府鉴于明瑞所奏，经过廷议做出了最终决定：“盛京锡伯兵有四五千名，明瑞等既称其技艺尚可，狩猎又如索伦，相应由盛京锡伯兵内，拣其精壮能牧者一千名，酌派官员，携眷遣往。”

当初伊犁将军明瑞奏议调遣锡伯官兵到伊犁驻防，并无携眷的意图，但清政府出于长远利益考虑，决定令其携眷前往。这一

▲ 锡伯家庙西迁壁画

措施对锡伯族产生了历史性的影响。

锡伯族历史上具有重大意义的西迁由此便开始了。

生离死别

清政府调遣锡伯军民的决定正式下达后，盛京将军舍图肯随即确定了官兵人选的标准及抽选的具体城镇。由于考虑到由东北远徙万里去西北驻防，官兵人选年龄上只挑取20~40岁身强力壮、马背技艺谙练、善于骑射狩猎者。所定官兵是从盛京所属的凤凰城、辽阳、开原、广宁、熊岳、锦州、抚顺等15城驻防锡伯官兵中挑选的。总计官员20名，兵丁1000名，连同眷属共3275人。这是出发时官方正式注册的数目。当锡伯军民抵达新疆伊犁后，实际人数比正式注册人数多出750余人。经护送两协领阿穆呼郎和噶尔赛认真查明，原来有400余名西迁官兵亲属也随军同来，被称为“苏拉”人员，其中男丁247人、女眷158人。“当即询问伊等，皆答称系官兵之兄弟子女，由原籍起程时跟随而来”。在漫长的西迁途中，又孕育出350多名小生命。这样，实际

抵达新疆伊犁的锡伯官兵及眷属为4030余人。

按命令，西迁的锡伯军民分为两批出发。第一批兵丁499名，连同眷属计1675人，由协领阿穆呼郎管带，于乾隆二十九年（1764）农历四月初十日起程。

乾隆二十九年（1764）农历四月十九日，第二批兵丁501名，连同眷属计1600人，从盛京起程向新疆出发。

农历四月十八日这一天，留在东北的锡伯人和西迁戍边的锡伯官兵及其眷属在盛京锡伯家庙前聚会，祭祀祖神。留守的同胞备好了告别的宴席，为远离家乡的亲人饯行，吃离别饭。这是最后一批离别的亲人远赴新疆，明天他们就要起程远赴新疆。后来锡伯族有首《田野歌》这样唱道：

……

大江的水流想不到分成几条河耶呐，

盛京城里的锡伯人想不到分离告别耶呐。

……

据说，当时清政府向锡伯人许诺，西迁伊犁驻守的官兵60年

《西迁》浮雕局部

一换防，所以成期定为60年。60年，意味着他们将要永远地离开自己生活的东北故土。

相聚在盛京锡伯家庙前的锡伯族父老兄弟姊妹们，人人心碎肠断。父老乡亲们今后再也不能同桌共饮，再也不能听到彼此的声音了。正如锡伯族史诗《西迁之歌》中所描述的那样：

……

奉天省的锡伯啊眷恋故地，
亲吻着沃土呜咽哭泣；
圣命如山忍痛又割爱，
眼望故乡十步九回难离去。
黑龙江的百姓啊别众亲，
声声泪泪哭成泥；
纵使是铁石心肠的人，
泪如泉涌把头低。

……

知识链接 **管兴才**（1894—1963），《西迁之歌》作者。本姓卦尔佳氏，名兴才，字祯器，新疆伊犁锡伯营正红旗人。学识渊博，精通汉、满、蒙古、藏等语言文字，对清史、蒙古史研究颇深。

西迁的锡伯族人并没有完全沉浸在痛苦和泪水之中，他们冷静地思考着民族的生存和发展，对未来满怀着信心。诗中这样表述：

……
必需的用品全带上，
要为今后的生计着想。
带上故乡的南瓜子哟，
让它结果在西疆的土地上。
带上神圣的“喜利妈妈”，
保佑我们的子孙繁衍生长。
带上神圣的“海尔堪玛法”，
保佑我们的牲畜繁殖茁壮。
……

知识链接 **喜利妈妈** 锡伯族保佑子孙延续的女神，也是护佑家室平安的女神。哪家若生男孩儿，就在索绳上悬挂一把小弓箭，生女孩儿就挂一块红布条，每生一辈人就在索绳悬挂一个背式骨，取“背”“辈”谐音。迎娶新娘后就在索绳上悬挂一个桦皮做成的小摇篮，意为盼其为家中生儿育女，延续香火。

▲
《锡伯族西迁》书影

锡伯族的西迁之行可歌可泣、可敬可叹，在锡伯民族历史上留下了浓重的一笔。

农历四月十八日，这个日子后来成了锡伯族的“西迁节”。

西迁之路

西迁的锡伯族上路了。他们背着弓箭，跨着刀枪，带着粮食和毡帐，带着故土的五谷种子和神物“喜利妈妈”。从东北到西

▲

西迁雕塑

北，扶老携幼，征程万里，他们靠的是牛车、马匹和骆驼。老人、妇女和孩子坐在笨重的牛车上，兵士们随车步行。

离开盛京后，出彰武台边门，向西行入科尔沁草原，再沿西拉木伦河逆行，经过克鲁伦路和蒙古路（今蒙古国境内），走过了广阔无垠的蒙古大漠。他们在大漠深处凿井饮水，在颠簸的牛车上接生婴儿，在荒无人烟的路途上埋葬故去的亲人。锡伯人穿越了锡林郭勒和蒙古车臣汗部，于乾隆二十九年（1764）农历八月二十四、二十五日分批抵达乌里雅苏台（今蒙古国扎布哈郎特）。农历八月末的蒙古高原，已是青草无存，寒气逼人，又遭遇特大风雪，牲畜长途赶路，疲惫瘦弱，他们出发时所带的3000头牛，先后倒毙了2600头。锡伯官兵因缺少补给和运输工具，无法继续前进。于是决定在乌里雅苏台扎营过冬，等待来年春季草木返青，再继续赶程西进。在这里休整了一个冬季，进入乾隆三十年（1765）三月，疲惫的锡伯人又继续出发了，他们从乌里雅苏台借用了蒙古人的500匹马和500峰骆驼。抵达伊犁后，这些马和骆驼又大部倒毙。最后，由锡伯官兵分摊赔偿。

前路茫茫无边，迁徙的终点究竟有多远？他们相信也许在夕阳的尽头，就是此行的目的地。

西行的队伍每人带了四个月的口粮和一个月的茶叶，行至科布多一带，又逢阿尔泰山积雪大量融化，诸河俱涨，水深流急，不能前行。他们受困多日，所剩口粮只足月余，所借马、驼也倒毙甚多。在极为艰难的情况下，阿穆呼郎和噶尔赛无奈，一面咨请伊犁参赞大臣爱隆阿派人前来接济，一面带领锡伯官兵继续前行。伊犁参赞大臣爱隆阿即命塔尔巴哈台领队由雅尔筹集米400石、羊2000只作为补给前去接济。西迁队伍通过和布克赛尔、察罕俄博，于乾隆三十年（1765）农历六月十二日、十五日，行至珠尔虎珠、察罕霍吉尔等处，第一队与前来接济的索伦佐领蒙武哩相遇。同年农历六月二十四日、二十六日，第二队行至阿勒坦额墨、沙喇乌苏等处，与前来接济的侍卫舒敏相遇。饥饿、疲惫的锡伯军民得到补给后，继续向西挺进。在粮食最为紧缺时，锡伯军民很长一段时间只能采摘野菜充饥。清政府规定每人每月的饷银是3两3钱，实际每人只得2钱5分。有时连发了霉的面粉也吃不上，沿途有一种野菜，叫“乌珠木耳”，这种野菜成了西迁队伍的主要口粮。至今，察布查尔锡伯族都知道这种野菜是他们的救命菜，是锡伯人餐桌上的美味。路上生病时，只有随行萨满和喇嘛做一些简单治疗，妇女生孩子，缺少棉布，只好用野草代替褯褓。西迁路途上的艰辛在《西迁之歌》里是这样描述的：

……

山路崎岖车乱颠，赶车人儿好熬煎；
妇女号啕牛不走，铁石人闻也见怜。
登山涉水更心忧，老牛车偏遇石头；
儿女翻在车厢里，损腰折腿血交流。
纵然受了伤与病，哪有医药来调停；
哎哟苍天快显灵，保我儿女到边庭。

……

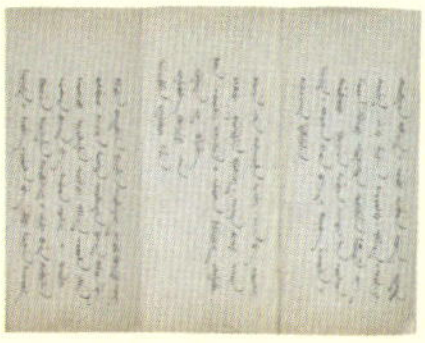

《锡伯西迁起程奏折》局部

西迁队伍逢山开路，遇水架桥，到达额尔齐斯河时，天气还很冷，他们架设浮桥渡过冰冷的额尔齐斯河。距今天的阿勒泰市97公里处的额尔齐斯河畔，有一处地名就叫“锡伯

《平定回疆战图册·绥边》

渡”，那里就是当年锡伯人西迁伊犁时的渡河之处。

乾隆三十年（1765）七月下旬，西迁的4000多名锡伯军民先后抵达伊犁绥定一带。

当时清政府规定他们的行期为三年，但由于途中带队的军官逼迫着快速前进，实际上只用了16个月的时间就走完了万里西迁征程。从此，锡伯族分成了东北、西北两部分，形成了小聚居、大分散的局面。

建立锡伯营

西迁的锡伯族官兵携眷抵达伊犁绥定后，在那里休整了半年。锡伯族原为渔猎民族，到了明末就已转变为以农业为主的民族。清政府起初按照游牧民族的特点，准备将锡伯族安置在霍城或博罗塔拉境内草原借畜游牧。

休整期间，携眷锡伯官兵得知清政府这一计划，便纷纷奏明自己的生活和生产特点并不适合游牧，要求择地屯垦。对此，伊犁将军明瑞非常重视，亲临锡伯军民驻地访察，了解实情，然后奏请清政府，转而把他们安置在防备空虚和农牧皆宜的伊犁河南岸，自行修建房屋，按牛录（旗）驻防屯田。

察布查尔原野地处伊犁河谷、伊犁河南岸、天山西端，原属

昭苏县夏特峡谷

于准噶尔部噶尔丹汗的领地，清朝平定准噶尔部后，察布查尔成为荒无人烟的原野。

乾隆三十一年（1766）正月，趁伊犁河封冻之际，伊犁将军命锡伯军民向伊犁河南岸迁徙。锡伯军民冒着严寒，越过冰凌起伏的伊犁河，进入伊犁河南岸广袤的察布查尔原野，到达了西迁最终的目的地。

锡伯军民西迁时编为10个队，满语称“扎兰”，抵达伊犁绥定休整时，伊犁将军将10个“扎兰”缩编为6个牛录。由于到伊犁后才查出跟随而来和途中降生者还有700余人，因此，他们迁居伊犁河南岸之后，又增设2个牛录，“以为八旗”。将原有1000多官兵分设八旗，每旗为1个牛录，每牛录各设佐领1员、骁骑校1员、空蓝翎2员、领催4员、披甲121员不等。八旗设领队大臣1员。总管、副总管各1员。奉旨颁发了新的总管关防和佐领图记，颁发了八旗旗纛。至此，伊犁锡伯营基本建立，与厄鲁特营、索伦营、察哈尔营并称为“伊犁四营”。

▲ 七牛录关帝庙壁画

知识链接 **锡伯营旗纛** 一牛录为镶黄旗，二牛录为正黄旗，三牛录为正白旗，四牛录为正红旗，五牛录为镶白旗，六牛录为镶红旗，七牛录为正蓝旗，八牛录为镶蓝旗。其中一、三、五、七牛录为左翼四旗，二、四、六、八牛录为右翼四旗。

锡伯营八个牛录都设有粮仓，囤积公粮，春耕时由旗下档房发放种子。察布查尔草原连着乌孙山，一部分军民还在山林及草

◀ 七牛录关帝庙壁画

雄伟的乌孙山

原牧放牛马，发展集体牲畜，以备兵丁当差和其他公事使用。每个牛录还设有监牢、兵器库等。

锡伯族中凡年满18岁的青年，都踊跃参加每年举行的“伍克辛”（披甲）的考选。被选入“伍克辛”是一件非常荣耀的事，也是一件有本有利的差使，考取者便有俸地60亩。如果选不上，即成“苏拉”，得不到俸地。每旗对兵丁的选拔和训练是非常严格的。考核的主要项目是骑术和射箭，达不到训练要求的士兵会受到各级官员的严厉训斥和体罚。“伍克辛”每年都要接受总管阅兵和一年春、秋两季的佐领阅兵。在农闲时间，官兵不误时机地进行军事训练，如练习马步、箭艺等。所以锡伯营在伊犁四营中素称“劲旅”，战斗力最强。

锡伯营是军事、行政、生产三位一体的组织。锡伯营每个牛录形成一个村落，也是一个作战单位和生产单位。每个牛录都筑有城墙，墙上有垛口，抵御进犯者。城墙周

▲

洪纳海卡伦遗址

头湖卡伦遗址

长6~10里不等，上有旗兵日夜巡逻、放哨。清政府调遣锡伯军民驻防伊犁地区，主要任务就是戍边、防守台站、驻守卡伦。为了加强对天山南北的管辖，清政府设立了众多的台站和卡伦，其中由锡伯营管辖的有19处。锡伯军民还用勤劳的双手建设家园，凿渠引水，垦荒造田，自给自足。他们迁驻伊犁河南岸以后，在准噶尔部遗留的绰霍尔渠两岸安营扎寨，两年内引绰霍尔渠水垦种万余亩良田，解决了锡伯营自身的口粮问题。

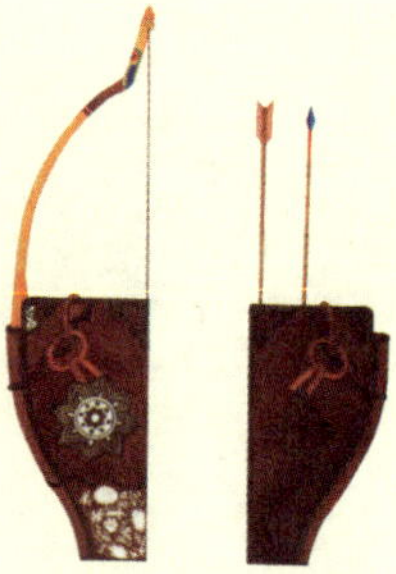

弓袋、箭囊

戍边是西迁锡伯族的神圣职责，自乾隆三十一年（1766）开始，锡伯营定期轮派100多名官兵到塔城地区换防台站和卡伦。同时，每年秋季锡伯营又选派官兵同其他各营官兵一起，巡查西部漫长的边界，收取官租。乾隆三十六年（1771）开始，锡伯营奉命定期轮派100多名官兵同其他各营官兵一起到喀什噶尔等地换防，以维护该地区的社会安定。锡伯官兵在换防台站的同时，与当地的各族居民友好相处，互帮互助。乾隆三十六年（1771），在伏尔加河流域生活100多年、饱受沙俄政权欺压的蒙古土尔扈特部回归祖国时，锡伯营奉命选派官兵到边界接迎。嘉庆三年（1798），为保卫祖国边疆做出多次牺牲的索伦营兵源不足，清政府决定从锡伯营挑选160户，共658人补充该营。数百名锡伯军民补充到索伦营之后，开始与达斡尔等族一起屯垦戍边。至此，在索伦营出现了“锡伯索伦”的名称。

开凿布哈大渠

开凿大渠

随着岁月的流逝，30多年过去了。这时，锡伯军民由4000多人繁衍到8000多人，多年耕种的土地严重盐渍化，粮食产量逐年下降，加上生活环境潮湿，房屋倒塌，疾病肆虐，万里西迁屯垦戍边的锡伯营军民面临着生死存亡的紧要关头。

锡伯族西迁新疆伊犁时，曾经传言说，皇上答应60年后让西迁锡伯族返回东北故土，很多锡伯人都相信了这个说法。抱着60年后返回故土的幻想，把祖先的骨灰都装在坛子里，随时准备返回东北老家，根本无心在这不毛之地上倾注更多的血汗。

万里边关，何处是家园？嘉庆四年（1799），在这个关键时刻，图伯特被任命为锡伯营总管，这个非凡的人物创造了一个民

伊犁河

▼

▲

图伯特像

知识链接 图伯特，伊拉里氏，乳名图克善——锡伯语是牛犊之意，锡伯营正蓝旗七牛录人。乾隆二十年（1755）生于盛京，锡伯族西迁时正值10岁，18岁应试成为“伍克辛”。由于在牛录当差勤奋好学，因此逐渐由领催、防御、佐领、副总管步步荣升为锡伯营第九任总管。几十年的军旅生崖，磨炼了图伯特坚韧不拔的意志。

族辉煌的历史新篇章，被铭刻在锡伯民族的心里。

上任伊始，图伯特提出开挖大渠，引伊犁河水，开发耕地，一时间引起锡伯营上层人物的一片反对。他们认为开挖大渠是费力不讨好，白白浪费人力、物力和财力，并且联合上书伊犁将军，反对图伯特的开渠计划。图伯特力排众议，向伊犁将军陈述兴修水利、垦荒造田对巩固边防与锡伯营数千军民生存的重大意义，并以九族身家性命担保，得到了伊犁将军的支持和朝廷的批准。

嘉庆七年（1802）农历十月，布哈大渠正式动工。在开工前，图伯特将有关劳力、经费、工具、用工方式等都做了周密安排。图伯特以身作则，带头捐款，在他的感召下，各级官吏纷纷捐款作为动工经费。图伯特从八个牛录里抽调400名强劳力，分成两班人马，春、秋两季轮番苦干。

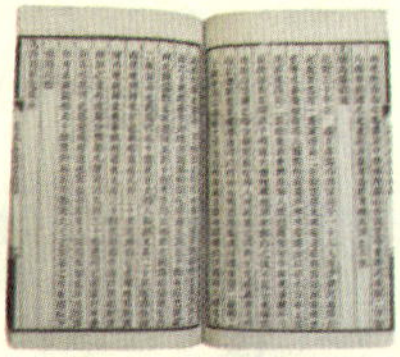

▲

《西域水道记》书影

说到开挖察布查尔大渠，一个名叫莫伦大喇嘛的人功不可没。莫伦大喇嘛是正红旗四牛录人，他精通医术、天文和地理。在反对之声甚嚣尘上之时，他坚定地站在了图伯特一边。大渠开工后，图伯特与莫伦大喇嘛一起，日夜不离工地，测量地势，画线引导，指挥施工。

图伯特以高超的智慧运筹工程进度，秋天开挖一段，春天放水开垦一片耕地。边施工，边收益，一方面兵丁、“苏拉”的工粮及时得到供应，减轻了锡伯营的财政负担，同时也极大地鼓舞了锡伯军民的士气。

在当时的技术条件下，图伯特如何测量200多里大渠的线路，史料中没有留下任何记载，但根据现在察布查尔大渠的引水线路来看，他巧妙地利用了伊犁河古河道留下的阶梯形河岸线，沿古河岸寻找高低差，凿渠引水，成功地把伊犁河水引入察布查尔原野。

在察布查尔锡伯人中，至今流传着许多有关图伯特挖渠的传说。相传开挖大渠不久，遇到一水流不畅之处，图伯特颇费周

▲

察布查尔大渠龙口

折，仍解决不了问题。一天夜里，正在犯愁之际，他登高巡视，突然一团火球从天而降，落在离他20步开外的地方，火光里走出一头牛，朝西边方向边走边撒尿。图伯特顿受启发，立刻顺着此牛所留下的尿迹打桩画线，挖渠引水，果然成功地把水引了上来。百姓们说，这是天神在协助图安班(安班，尊称“大人”之意)。

嘉庆十三年（1808），历经七年千辛万苦挖成的一条大渠，终于全线放水，口宽10米、底宽4米、深3.3米、长200多里的察布查尔大渠，横亘在广袤无垠的伊犁河谷以西，灌溉着两岸的万顷良田。

在大渠建成的第二年，嘉庆十四年（1809），伊犁将军松筠将图伯特的开渠功劳奏报后，嘉庆帝非常欣赏，下旨进京朝觐，亲自接见嘉奖，并绘图紫光阁。图伯特进京时，特意带上察布查尔地区的十多种土壤，向嘉庆帝分别介绍各种土壤的性质与用

知识链接 锡伯族民间还流传这样一个传说：图伯特提出开挖大渠并得到朝廷批准开工后，有一位反对最激烈的官员嘲讽图伯特，并发誓说如果能挖成此渠，他就噎死在炕桌边！七年之后，当布哈水流到这位大人所在的乌珠牛录时，手下跑来报告了这个消息，正在吃鸡的他一愣，鸡骨头卡在咽喉里，噎死在炕头上。

察布查尔大渠龙口的图公亭

途，以及发展锡伯营农业生产的远景规划。54岁的图伯特也成为锡伯族西迁45年后，第一个获准回东北故土探亲的人。在锡伯族的史诗《西迁之歌》里，人们把对图伯特的赞扬融化在歌声中，代代传唱。图伯特的功绩，不仅为锡伯营军民肯定和赞扬，还被清政府所表彰。

功垂千秋

察布查尔大渠当时叫“锡伯新渠”，后又称作“察布查尔布哈”。察布查尔大渠建成后，滔滔不绝的伊犁河水源源不断地流进察布查尔的千里良田，耕地面积不断扩大，锡伯营很快垦出78 600多亩荒地，锡伯人的生活有了新的转机。沿伊犁河南岸居住的几个牛录先后迁到大渠两岸，八个牛录沿着察布查尔大渠顺势分布，修筑城堡，定居下来。从此以后，大渠两岸展现出一幅村落相望，阡陌相连的景色。

渠边小花

大渠自建成后，锡伯营粮食产量猛增，老人们说，地里的粮食就像用铁锹直接挖出来的一样。大渠研究者郭建中翻阅大量资料后查出：当年全新疆屯田28.8万多亩，锡伯营因大渠的修建，耕地增至近10万余亩，占全疆屯田总数的40%。全新疆屯田所产粮食为24万石，锡伯营就占近10万石，也占近50%。

锡伯族人民对倡导开挖新渠者图伯特非常感激，锡伯营军民倡议在布哈渠首和他的家乡纳达齐牛录修建了图公祠，绘有图公彩像，门额木匾上书“政声神明”，对联为“仁政堪比古贤瑞麦呈吉祥，懿行垂范后昆恩泽布四方”。1994年，锡伯族群众捐资

在纳达齐牛录重修了图伯特纪念馆，世世代代缅怀他的不朽功绩。

▲

察布查尔大渠分水闸

察布查尔大渠的修成，不仅改变了一个民族的命运，也为屯垦戍边巩固边疆树立了典范，新疆伊犁各族军民纷纷效法锡伯营挖渠屯田。嘉庆九年（1804），伊犁将军松筠提议八旗兵“应按锡伯营屯制，按民给地，永为世业”。此后新疆伊犁大兴水利，嘉庆二十年（1815）开挖“皇渠”，道光二十四年（1844）展宽加深“皇渠”，灌溉良田28万亩。索伦营相继开挖两条大渠。驻守塔城换防锡伯营官兵在塔城开挖“阿布德拉”大渠30里，开垦土地万亩。在这些水利工程中，伊犁将军都抽调锡伯营官兵协助指导。

◀ 察布查尔大渠进水口

道光二十四年（1844）展宽加深“皇渠”工程中，锡伯营副总管色明阿与被朝廷流放新疆伊犁的林则徐共同负责工程管理，立下了功劳。

察布查尔大渠的开凿成功，在清代新疆水利史和屯垦史上是一件具有里程碑意义的大事。它改变了以往屯垦只为养活戍边官兵的局面，使屯垦具有建设性的意义，为固边富民、加强国防开辟了新的途径。

保卫边疆

平定张格尔叛乱

张格尔叛乱 锡伯人骁勇善战，多次在保卫祖国边疆不受侵犯的战斗中立下了不朽的功勋。

乾隆二十四年（1759）平定大、小和卓叛乱之后，为了缓和民族矛盾，清政府实行轻徭薄赋的政策，使当地维吾尔人民得以休养生息。然而，随着时间的流逝，清政府派驻新疆地区的各级官吏便滋生出贪婪腐败的本性。嘉庆朝时，他们与当地维吾尔“伯克”（官吏）狼狈为奸，“敛派回户，日增月甚”，除铜钱外，“又土产、毡裘、金玉、缎布赋外之赋，需索称是，皆章京、伯

梧桐孜卡伦遗址

克分肥，而以十之二奉办事大臣”，致使维吾尔人民和其他少数民族怨声载道，反抗事件不断发生。与此同时，早已将势力伸入西亚地区的英国殖民者也别有用心地在浩罕（今乌兹别克斯坦境内）等国培养了一批外逃的和卓后裔，利用他们与清政府相对抗，张格尔即是其中之一。

张格尔是乾隆年间维吾尔统治者大和卓波罗尼都之孙。波罗尼都被诛后，其子萨木克逃至浩罕，生有3子，次子即张格尔。嘉庆二十五年（1820）秋，张格尔利用南疆维吾尔人民对参赞大臣斌静的荒淫贪暴和残酷压迫极为不满之机，率数百名叛军潜入南疆，向清军发起进攻。斌静派领队大臣色普征额率锡伯、索伦的换防兵堵截，毙敌50人，活捉100余人，张格尔带领200余人逃窜。接着斌静令叶尔羌守防兵和锡伯、索伦换防兵进山追捕。最后，张格尔只剩亲随二三十人狼狈逃窜至浩罕。

知识链接 **威远将军炮** 铜质，全长69厘米，口径21.2厘米，故宫博物院藏。威远将军炮又称冲天炮，短管前装臼炮，炮管后部阴刻“大清康熙二十九年景山内御制威远将军”等满、汉两种文字。此炮杀伤范围和威力比以往火炮大大增强。它在康熙三十五年（1696）平定噶尔丹叛乱的战斗中发挥了重要作用。

▲

威远将军炮

道光四年（1824）秋至道光五年（1825）夏，张格尔二次作乱，屡以小股袭扰近边，而清军屡捕不获。其间，锡伯章京苏勒通阿等人和索伦营将士35人阵亡。

道光六年（1826）八月二十七日，清政府调集军队奔赴南疆会剿张格尔部，派伊犁将军长龄为扬威将军，以陕甘总督杨遇春、山东巡抚武隆阿为参赞，调集各省官兵3.6万余人，又调伊犁满营官兵1100余人、伊犁锡伯营官兵400人、索伦营官兵200人与其他伊犁官兵共计900人，前往南疆参战，并“挑选伊犁各城得力官兵预备调遣”。在调遣兵力时，伊犁将军指派锡伯营总管额尔古伦带领锡伯官兵越冰大阪驰赴喀什噶尔，并将原换防喀什噶尔（今喀什）的锡伯营驻防兵300人亦归额尔固伦总管统领。此役额尔古伦挑选了包括自己的儿子萨凌阿在内的500名锡伯族最优秀的子弟和最好的战马，开赴杀敌疆场，与各路官兵并肩作战，为保卫祖国边疆不受侵犯做出了不朽的贡献。

知识链接 《剿捕档》记载：七月二十七日，额尔古伦率兵过河，“与贼交仗，官兵奋力向前，杀毙贼匪一百余名，夺获马匹、器械、长号等物，并生擒贼匪一名”。

西四城失陷 道光六年（1826）六月，张格尔纠集500余人，由开齐山路闯入新疆，进至距喀什噶尔数十里的阿尔图什（今阿图什），以祭祀祖坟为名，煽动当地民众反清。喀什噶尔参赞大臣庆祥闻知消息，立即派戡乱军领队大臣乌凌阿率千余官兵前去围剿。同时，锡伯营总管额尔古伦也率领锡伯、索伦官兵参加了围剿。消灭叛军400余人、生擒40余人。但张格尔突围逃走。

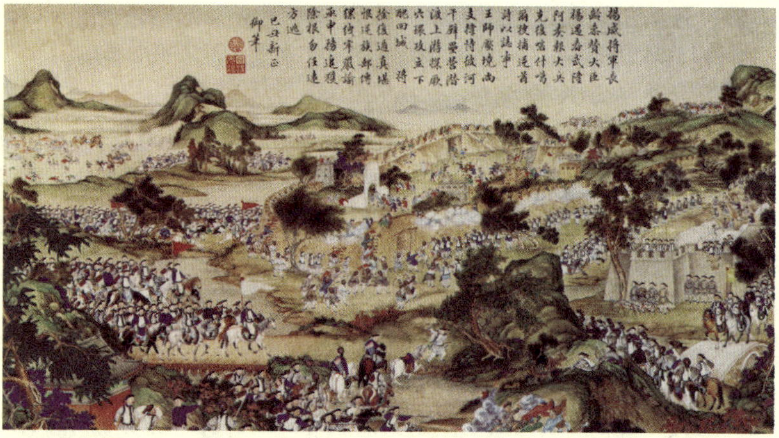

《平定回疆战图册·收复喀什噶尔之战》

张格尔感到自己的力量不足以同清军抗衡，便以出卖祖国为条件，遣使向浩罕求援“约破西四城（喀什噶尔、英吉沙尔、叶尔羌、和阗），子女玉帛共之，且割喀什噶尔酬其劳”。浩罕统治者穆罕默德·阿里汗利欲熏心，亲率万人进攻喀什噶尔，遭到清军的顽强抵抗。后因与张格尔发生矛盾，恐腹背受敌，率军撤退，但仍有数千浩罕士兵被张格尔以各种诱惑留下，置为亲兵。同年七月底至八月中旬，张格尔叛军先后攻占了和阗（今和田）和英吉沙尔（今英吉沙）二城，接着全力进攻喀什噶尔城。在激烈的战斗中，清军领队大臣乌凌阿和穆克登布先后阵亡，锡伯、索伦官兵冒着枪林箭雨抢回了二人的尸骸。伊犁满营防守的营盘被叛军攻占，战斗持续了5天5夜，兵马草料已消耗殆尽，喀什

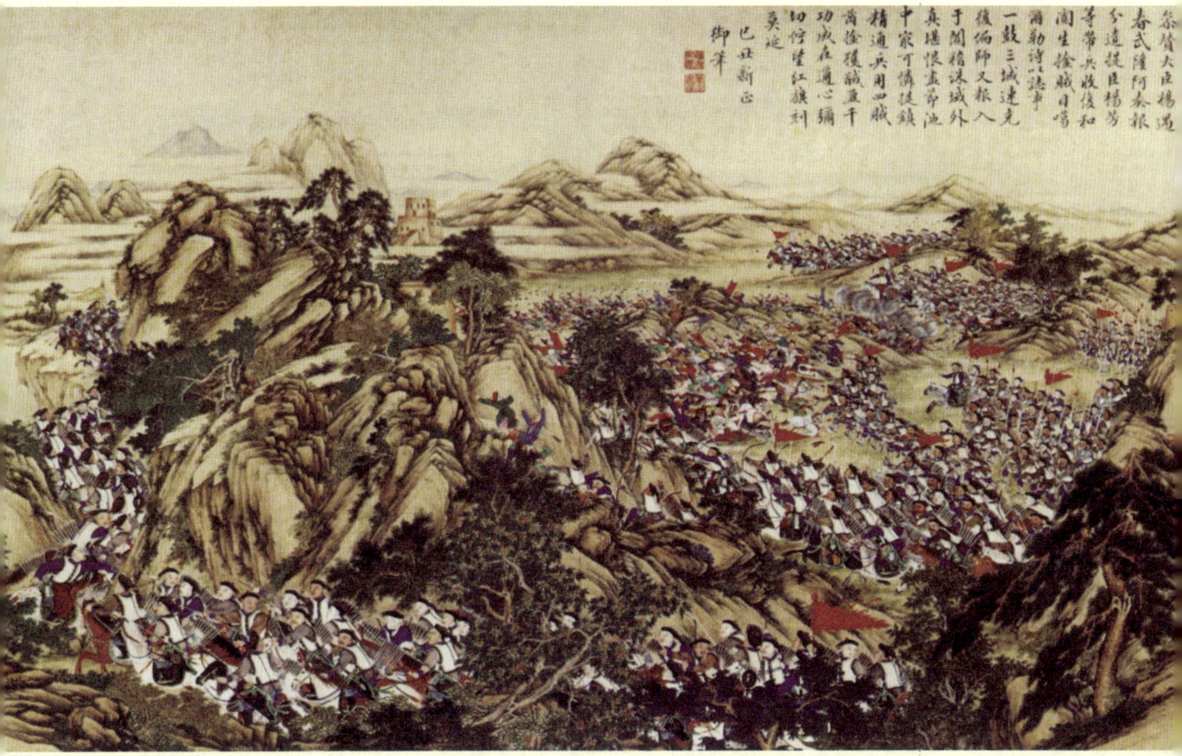

▲

《平定回疆战图册·收复和阗之战》

噶尔城岌岌可危，指挥全军的参赞大臣庆祥在这危急关头自缢身亡。在这数千名官兵生死存亡的关键时刻，额尔古伦毅然担起指挥全军的重担。额尔古伦审时度势，深知当时的唯一出路就是突围。在一个伸手不见五指的夜晚，额尔古伦率众殊死血战，终于杀开了一条血路，800余人突出重围，其余全部壮烈牺牲。九月二十六日，喀什噶尔城被叛匪攻破。

额尔古伦带着疲惫不堪的800余名官兵突围后，当晚在三仙洞过夜。经过商议，大家一致认为去千里之外的阿克苏是唯一出路。行军四五天后，他们所带的粮食所剩无几。十多天后，额尔古伦率军到达柯平。因极度饥饿和饮用脏水，很多士兵都手脚红肿，腹泻不止。一路上，他们向当地的维吾尔同胞买玉米面馕充饥。克服了难以想象的艰难困苦，最后终于到达了阿克苏。流传于新疆锡伯族中的《喀什噶尔之歌》中这样描述了当时的困状：

……

自古逃难多艰险，断炊绝粮人遭难。

……

马皮烤焦硬且苦，能有几人能嚼烂？
无奈饥饿头脑昏，含辛茹苦强吞咽。
血泪将尽苦无边，戈壁横阻连天边。
人困马乏行无期，如入阴曹地府间。
……

知识链接 **武成永固大将军炮** 铜质，长355厘米，口径15.5厘米，中国历史博物馆藏。此炮为前装滑膛炮，属双轮车载重型攻城红衣炮。炮名为康熙帝钦定，当时共铸61门。由尾端满、汉文铭刻可知，这门炮是康熙二十八年（1689）由南怀仁监制而成。此类炮在征剿噶尔丹时发挥了巨大的威力。

▲ 武成永固大将军炮

喀什噶尔被攻陷后不久，叶尔羌（今莎车）也落入敌手。张格尔自称“赛义德·张格尔·苏丹，宣布为当地的统治者”，随即在南疆实行极其野蛮的统治，“民房衙署焚烧殆尽”“残害生灵，淫虐妇女，搜索财物，其暴虐甚于从前的和卓千百倍”。他强迫15岁以上的男子一律当兵服役，稍有不从，即遭杀戮。不久，广大维吾尔族人民认清了张格尔残暴的嘴脸，转而支持清政府，有的还积极参加了日后的平叛战争。

会剿叛匪 张格尔凭借大量的浩罕侵略军，乘势逼近阿克苏南边的浑巴什河，妄图乘各省援军到来之前消灭南疆的清军，占

靖远寺 ▶

知识链接 **关公显灵** 浑巴什河河畔，500名锡伯族将士与近万名张格尔叛匪激战，敌我悬殊，胜负难分，紧要关头，忽见狂风四起，关羽从天而降，与锡伯族将士一起冲锋杀敌，并歼匪千余人，迅速扭转了战局。后来，锡伯营官兵出资铸钟一口，置于靖远寺内，钟扣上铸有关羽头形，钟身刻有“忠义神武仁勇灵佑诸神帝君”的铭文。从这个传说中我们可以看出，关羽是锡伯族将士心中的战神，也是忠义的化身，是战胜敌人的精神力量。

领阿克苏。清政府得到消息后，立即前往浑巴什河对岸进行反击。经过两昼夜激战，歼灭叛匪1000余名，取得了浑巴什河战役的胜利。

惠远城

在浑巴什河战役中，额尔古伦在敌众我寡，力量悬殊的情况下，坚定沉着，率领锡伯营官兵强渡浑巴什河。勇士们个个奋不顾身，渡河厮杀，很快就突破了敌人的防线，此役成为清政府平定张格尔叛乱的转折点，为收复西四城奠定了基础。据《喀什噶尔战役阵亡兄弟悼文》中记载：锡伯、索伦官兵出征南疆的第一次战役中阵亡150人。

道光八年（1828）三月三日，清军主力从阿克苏出发，发起了对张格尔叛匪的进攻。经过大小数次战役，于三月二十七日收复了喀什噶尔城。同年三月三十一日，清军乘势攻下了英吉沙，四月十一日收复叶尔羌，四月二十四日清军进驻和田。至此，被叛匪占领的西四城全部收复。在攻取西四城的战斗中，额尔古伦率领锡伯、索伦官兵，自始至终冲锋陷阵，立下了汗马功劳，许多锡伯官兵献出了自己宝贵的生命。

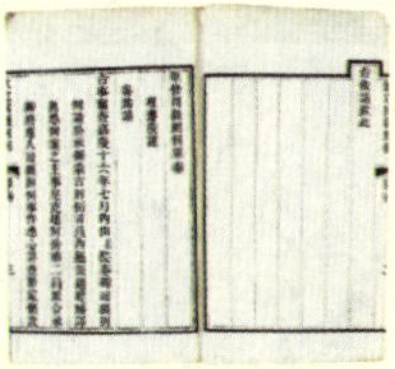

《钦定回疆则例》书影

生擒张格尔 张格尔于三月二十七日凌晨从喀什噶尔逃遁后，清政府为了捉拿他，采取了多项措施。一是在各卡伦、道路添派官兵分头巡查，严加防范；二是在南疆各城及浩罕发布了通缉令，捉拿张格尔。扬威将军长龄根据额尔古伦建议，多次派精通维吾尔语的色布星额、沙精阿、布扬阿等潜入叛匪隐匿地侦

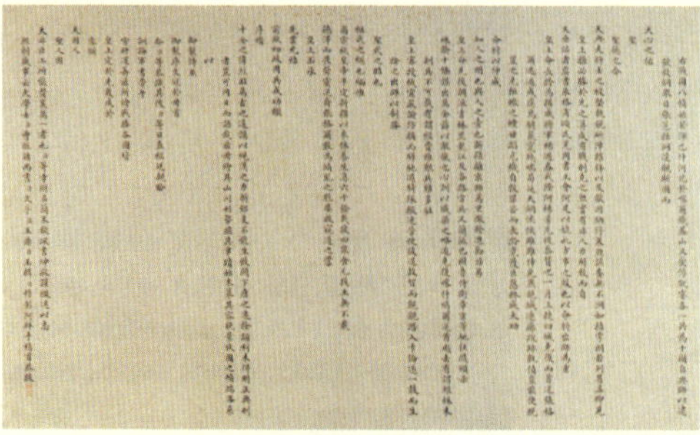

《平定回疆战图册·跋》

察。道光七年（1827）年底，色布星额等又一次深入张格尔的驻扎地——伊里斯满底，得到了张格尔已断粮多日，要乘清军过年之际来抢劫的重要情报。额尔古伦及时向长龄报告，并自告奋勇作先锋剿灭张格尔残部。

道光八年（1828）春节前夕，张格尔乘清军疏于防范之际，纠集500余匪徒潜入阿图什抢劫。当地的维吾尔人民闻讯便自发地组织起来，给了他迎头痛击。额尔古伦在柯尔克孜牧民的帮助下，得到了张格尔逃往喀尔铁盖山的消息。他立即派马甲讷松阿、舒兴阿等火速上山占领制高点，将喀尔铁盖山团团围住。额尔古伦率兵奋力追击，先后消灭了500多名叛匪。张格尔感到末日来临，正要闭目自刎时，讷松阿飞起一脚，将张格尔的剑踢飞数米远。张格尔惊恐万状，被山石绊倒在地，向山下滚去。讷松阿、舒兴阿二人见势扑去，生擒了罪恶累累的张格尔。

为褒奖此次战役有功者，道光皇帝诏见锡伯营总管额尔古

《平定回疆战图册·生擒张格尔》

《平定回疆战图册·赐宴凯旋将士》

伦、讷松阿、舒兴阿和德克精阿4人，授予额尔古伦头品顶戴，赐“国尔明阿巴图鲁”，讷松阿、舒兴阿、德克精阿赏三品花翎。绘图紫光阁，以表忠勇。

此后，浩罕统治集团和分裂复辟势力并不甘心自己的失败，他们又挟持张格尔之兄玉素甫窜入南疆骚扰抢劫。同年八月侵入柯尔克孜部落，同年九月开始围攻喀什噶尔城，参赞大臣札隆阿派锡伯、索伦等换防兵前去进剿，结果全军覆没。南疆再次燃起战火。这时，领队大臣额尔古伦再一次带领锡伯等营换防官兵前去戡乱。他们主动配合容安率领的伊犁锡伯、索伦等营数千增援兵和大军，平定了玉素甫叛乱，解除了敌人对喀什噶尔的包围。玉素甫逃回浩罕，道光十一年（1831）四月死于浩罕。额尔古伦官兵为保卫祖国边疆，又一次立下了赫赫战功。

平定张格尔叛乱，收复南疆西四城，是中国历史上反对外来者入侵的一次重大胜利。张格尔的覆灭说明，维护祖国统一是新疆各族人民的共同愿望，任何分裂祖国统一和各民族团结的罪恶行径都是新疆各族人民所不能容忍的，并且都是注定要失败的。

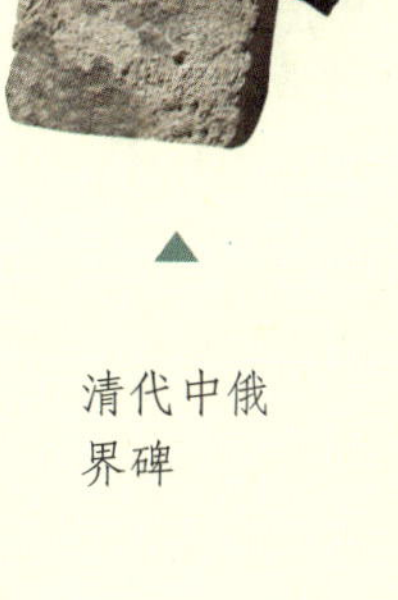

清代中俄界碑

驱逐沙俄

沙俄侵占伊犁　早在19世纪50年代，沙俄的魔爪就已经伸入伊犁地区了。咸丰五年（1855）在伊犁河古尔班阿里玛图附近修建了维内尔堡（今阿拉木图），成为侵略我国的一个重要据

惠远城古楼

点。次年，沙俄就派遣哥萨克侵略军由此出发，侵入我国特穆尔图淖尔（今伊塞克湖）地区，同治三年（1864），沙俄已把我国的巴尔喀什湖东、南的44万多平方公里的领土强行划入了沙俄版图。

同治八年（1869）初冬，沙俄殖民主义侵略军侵入我国库尔嘎什（又称大麻扎，今哈萨克斯坦境内）。同年年末阿古柏自南疆侵入北疆时，沙俄已向原锡伯营驻守的春稽地区增派了驻军，以备大举进犯新疆伊犁。同治九年（1870）九月入侵天山时，遭到当地锡伯、索伦官兵的英勇反击。同治十年（1871）五月，沙俄侵略军以“代收代守”为名，入侵都本（又称杜邦或多凡等）。在伊犁河北，沙俄侵略军于同年五月十八日由博罗胡吉尔出发，长驱直入霍尔果斯河。六月二十八日，沙俄军队大举进犯伊犁，当时驻守此地的有锡伯（500人）、索伦、蒙古、汉、哈萨克等军民4000余人。但我军民终因敌不过沙俄的火枪、大炮，以至节节败退。同年七月一日，沙俄

靖远寺

伊犁将军府

军队抵达绥定以西，并用大炮轰城。不久，阿里哈木举城投降，沙俄侵占新疆伊犁。

至此，新疆南部由阿古柏匪徒侵占，北疆大部由沙俄侵占，新疆大部分人民陷入水深火热的灾难之中。

驱逐外夷 沙俄侵占伊犁之后，废除该地区原有的行政建制，而将沙俄在哈萨克及中亚地区的殖民统治制度强加给伊犁人民。沙俄为了永远霸占伊犁，疯狂逼迫锡伯等各族人民降服沙俄。沙俄官兵还每日向锡伯、索伦、蒙古、汉等民族勒索银两，各营牲畜粮食均变价给交，“刻下万分窘苦”。这时的锡伯族，虽被沙俄官吏搜刮窘苦，并未被其淫威吓倒。沙俄当局在海努克设置的官员专门监视锡伯营的活动。锡伯营军民在总管喀尔莽阿的指示下，经常秘密前往塔尔巴哈台，给伊犁将军荣全禀报伊犁

伊犁将军府内景

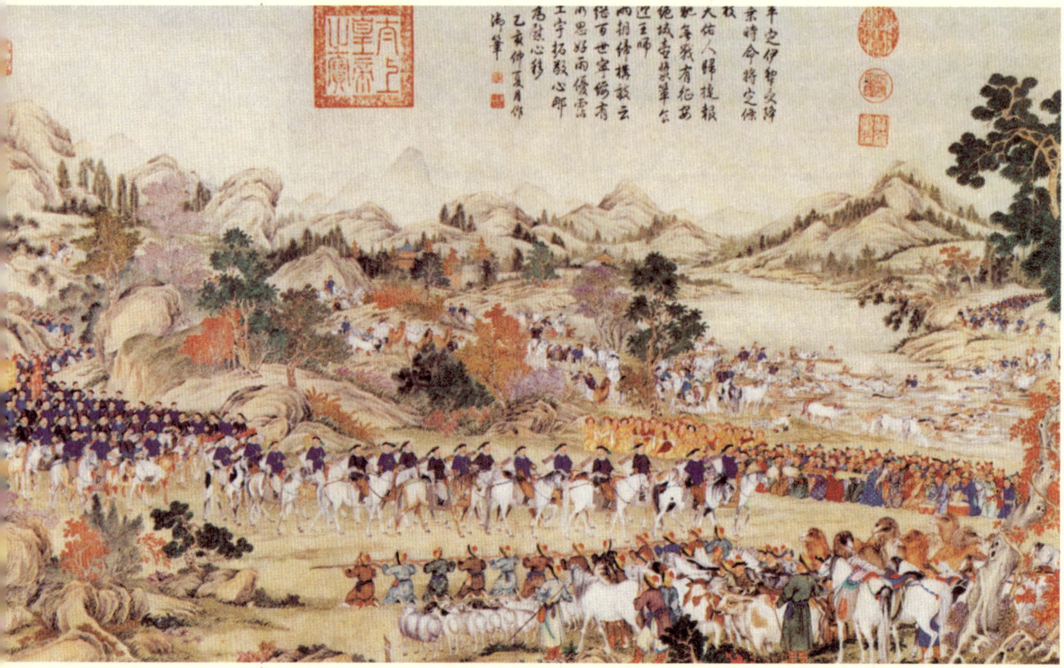

▲

《平定伊犁回部战图册·伊犁受降图》

情形。署伊犁将军、乌里雅苏台参赞大臣荣全，鉴于喀尔莽阿总管在侵略者面前的英勇行为，于同治十年（1871）底特令喀尔莽阿暂署锡伯营领队图记，并向清帝做了奏报。

喀尔莽阿总管接受了清政府的任命，开始名正言顺地办理伊犁事宜。在中俄伊犁事宜交涉中，只有他作为中方唯一代表与俄方交涉。喀尔莽阿为了维护祖国利益，与沙俄侵略者进行了多次交锋，并据理力争。因此，沙俄侵略者把喀尔莽阿视为眼中钉、肉中刺，必欲除去而后快。

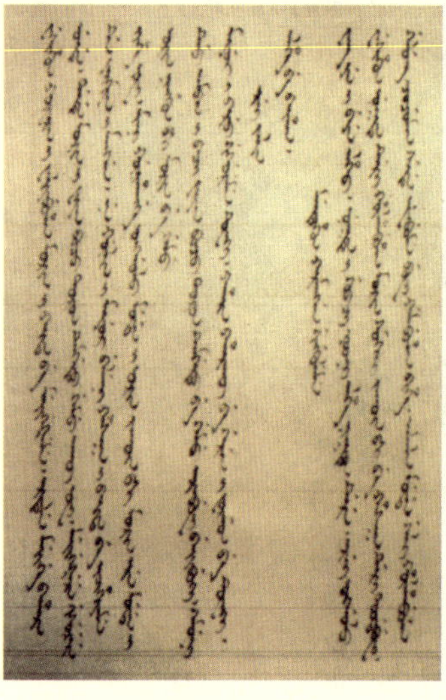

喀尔莽阿的信稿 ▶

同治十二年（1873）一月底，沙俄在伊犁的长官下令，将喀尔莽阿在六牛录的家予以全部封存，令喀尔莽阿总管到将军处行事，不准在伊犁行事。喀尔莽阿不得不召集各旗佐领，将锡伯营事务暂交七牛录的阿佐领署理。同年一月二十六日，喀尔莽阿带着家眷及部分军民，投奔荣全在塔城建立的行营。

伊犁将军府正堂

新疆天山南北部分地区陷入外国殖民统治之后，引起了清政府的关注，在要求加强塞防官员的强烈呼声下，清政府决定以左宗棠接任督办新疆军务。左宗棠根据形势，做出了具体的作战方案，派刘锦棠等率军进疆。

光绪二年（1876）六月十一日，刘锦棠率兵抵达济木萨尔。同年七月二十七日，与先期西进的金顺率部同时进军阜康。自八月始，清军开始围攻玛纳斯。八月十八日收复玛纳斯北城。十一月六日，各路兵马会合，攻克玛纳斯南城，玛纳斯全境光复。至此，北疆的阿古柏据点全部被拔除。光绪四年（1878）一月收复和阗，至此，历时一年半的收复南疆的战役胜利结束。在收复玛纳斯的战役中，喀尔莽阿垦种粮食，支援前线，受到清政府的高度赞赏，其有功人员都曾得到擢升和勉励。

光绪七年（1881），中俄《伊犁条约》签署。次年三月，我方正式接收伊犁。伊犁九城及所属各地，遭受长达十年的殖民统治，带着累累伤痕，回到了祖国的怀抱。

光绪八年(1882),在塔尔巴哈台、博尔塔拉、库尔喀喇乌苏、车排子等地屯田的锡伯军民相继奉命撤回锡伯营。同年四月初，喀尔莽阿奉命自察哈尔营起程前往伊犁，不料行至萨墨尔彦布拉克遇刺身亡。清政府追封他为建威将军，列入京师昭忠祠，以表忠勇。

伊犁将军府正堂前石狮

大精神，为建设美丽、富裕、文明、和谐的察布查

第四章
走向光明

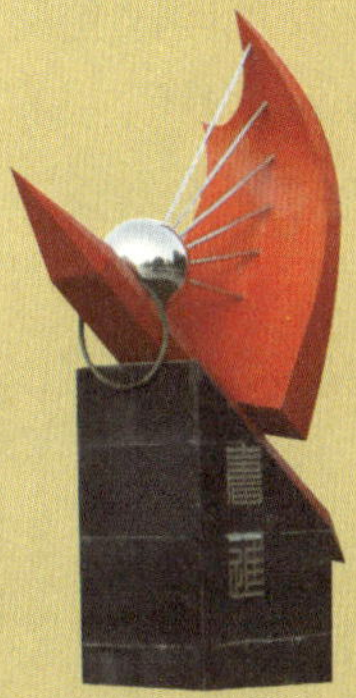

世纪的风雨，洗礼着一个民族的光辉历史；盛世的阳光，普照着今天锡伯人的美好生活。新中国成立后，锡伯族作为中华民族大家庭成员之一，开始了幸福的新生活。

在党的民族政策领导下，实现了民族区域自治，走上了社会主义道路，从此锡伯族历史掀开了崭新的一页。

民族区域自治

1949年10月1日，中华人民共和国宣告成立，在中国共产党领导下，锡伯族同中国各民族一起跨进了民族平等、团结互助的新时代，开始了幸福的新生活。

1944年，伊犁、塔城、阿勒泰爆发反抗国民党反动派统治的三区革命，当时的宁西县被改称为“苏木尔县”，“苏木尔”是维吾尔语，意为牛录。新中国成立后，把“苏木尔县”又改称“宁西县”。

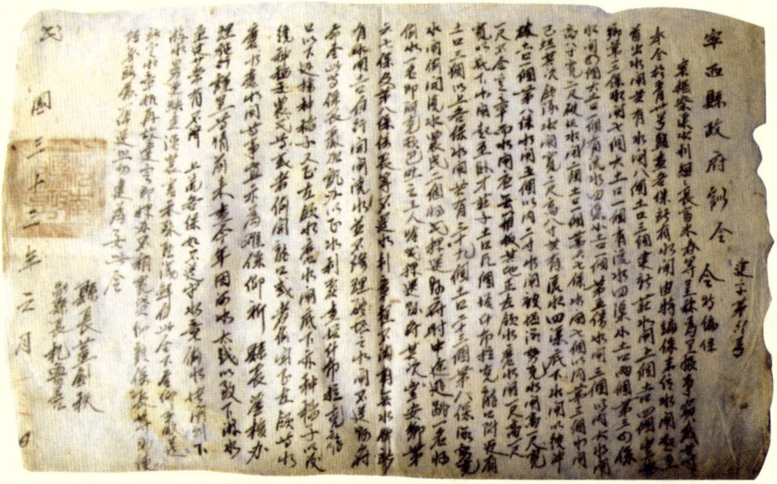
宁西县政府训令

民国三十二年二月 日

民国时期《宁西县政府训令》

1950年4月，中国人民解放军驻新疆伊犁五十团教导队长吕兴银带领党政工作团进驻宁西县，进行了社会调查、宣传政策、培养干部、发展党员等工作。同年6月，召开了宁西县第一次各族各界人民代表会议。大会废除了锡伯族总管和牛录制；废除了维吾尔族、哈萨克族千户长、百户长制度；改建区、乡人民政府。1950年7月1日，中共宁西县委正式成立，吕兴银任宁西县县委书记。

紧接着，各项工作全面展开，1952年11月，宁西县召开第六次各族各界代表会议，做出了全面开展土改工作的决议。同时，宁西县委宣传部原部长沙陀（锡伯族）被选为宁西县县长。

实行民族区域自治，是党和国家解决我国民族问题的基本政策。根据中央和新疆省党委的部署，1953年下半年开始，宁西县委、县政府开始安排普选和民族区域自治的宣传、学习试点工作。同年12月25日，中共宁西县县委与各族代表、各界人民代表会议常务委员会共同讨论提出了民族区域自治筹备委员会名单并报上级批准。1954年元月，民族区域自治筹备工作启动，筹备会召开了第一次会议。

新疆的民族区域自治方案具体规定了宁西锡伯自治区（县）的级别、县域、隶属关系等。

当时，因为不了解民族区域自治政策的精神，有些人还产生了误解，认为锡伯族实行自治就是锡伯族掌权，其他民族会被排斥在政权之外，一些代表对宁西县境内维吾尔族聚居较多的加格斯台、海努克、坎乡、阔洪其等地归属问题提出很多异议，通过宣传教育，学习政策，对民族区域自治政策深入了解，终于达成了一致。二区的哈萨克牧民表示，民族区域自治政策就像太阳一样，我们要诚恳帮助锡伯族建立自治区（县），实施自治权，共同发展。

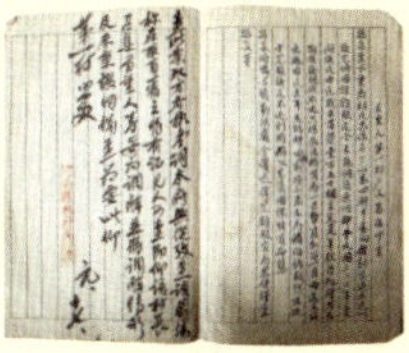

▲

1943年宁西县民事诉状

在锡伯自治区（县）的名称、自治机关驻地等具体问题上，广大干部群众参与讨论，积极性很高。关于名称，宁西锡伯自治区筹备委员会于1954年1月19日上报的材料记载：自治区的名称经多方面征求意见，讨论同意冠名为“锡伯尼亚”较为合适，“锡伯”是民族，“尼”是锡伯语助词，“亚”是所在地之意，其意思是“锡伯族所在地”之意。这个方案报上去后，新疆省人民政府经过广泛征求意见、协商、考证，提出以察布查尔大渠名作为自治区（县）名，即“察布查尔锡伯自治县”。其含义为：察布查尔大渠是锡伯族从东北西迁来伊犁后开挖的大渠，是锡伯族的母亲渠，也是锡伯族屯垦戍边、艰苦创业的象征。这个建议受到了宁西县各族群众的普遍赞同，认为以察布查尔大渠命名自治县，既为全县各族人民熟悉，又符合锡伯人民的心意，也符合民族自治区域地名的规范要求。

▲

1943年开保村呈送村公所文

关于区划范围，一直是各族群众关注的问题，经过多次征求意见，反复协商，决定将宁西县所属各区包括维吾尔族聚居的坎乡、海努克、阔洪其、加格斯台等区，全部包括在区域自治范围内建立锡伯自治区。

民族自治区域筹备会还讨论决定了行使职权文字的规定，

沈北新区兴隆台锡伯族镇人民政府

决定以锡伯文字为行使职权文字，同时也使用汉、维吾尔、哈萨克三种文字，牌匾写法规定锡伯文在上，汉文在中，维吾尔文在下。

人事方面规定锡伯自治区（县）人民政府县长、法院院长、检察院检察长均由自治民族担任，人民政府主要组成人员中锡伯族应占多数。

1954年3月17日，宁西县第一届人民代表大会隆重召开，中央、新疆省政府、伊犁专署代表以及各县祝贺团参加了会议，中央新闻电影制片厂派来摄制组，记录了我国第一个县级民族区域自治区域诞生的历史场景。3月24日，采取无记名投票方式选举主席（县长）、副主席以及政府委员，原宁西县县长、筹备会主任沙陀当选主席（县长），图尔汉阿西尔（维吾尔族）、阿瓦斯汗达鲁拜（哈萨克族）当选副主席（副县长），大会还选出由各民族组成的19位政府委员。

选举结束后，新当选的主席、副主席、政府委员们举行了宣誓就职仪式。

1954年3月25日，宁西县全县各族人民在锡伯中学的操场上举行了“庆祝察布查尔锡伯自治区成立大会”，各族群众兴高采烈，红旗招展，扩音机里《祖国颂》响起，当主席宣布察布查尔

锡伯自治区成立时，全场锣鼓喧天，掌声雷动，“中国共产党万岁”“毛主席万岁”的口号响彻云霄，经久不息。

▲

伊车嘎善锡伯族乡人民政府

在自治县成立的前一年，即1953年11月15日在霍城县成立了伊车嘎善锡伯乡。

民族区域实现了自治，相继进行了一系列社会改革，锡伯族人民从此走上了社会主义道路，锡伯族的历史从此掀开了新的一页。

改革开放以后，在辽宁、黑龙江、内蒙古等省、自治区内还相继建立了沈阳市沈北新区兴隆台锡伯族镇、石佛寺朝鲜族锡伯族乡、黄家锡伯族乡、开原市八宝屯满族锡伯族朝鲜族乡等9个民族乡。

箭乡新姿

新中国成立以后，锡伯族人民自此当家做主，成为国家的主人。1978年，党的十一届三中全会吹响了改革开放的号角，一股强劲的春风吹进了察布查尔大地，锡伯族人民的生活开始逐步摆脱贫困，走上富裕，步入小康。

察布查尔锡伯自治县是新疆维吾尔自治区伊犁哈萨克自治州直

察布查尔锡伯自治县第一中学

属县之一，她南依乌孙山，北临伊犁河，山清水秀，富饶美丽。境内有国家一级口岸——都拉塔口岸。整个县境犹如一把打开的折扇，由南向北展开，美丽的伊犁河宛如镶在扇边的玉带。这里居住着锡伯族、维吾尔族、哈萨克族、汉族、回族、蒙古族等25个少数民族，是全国唯一的以锡伯族为主体多民族聚居的自治县。

察布查尔锡伯自治县县城街道

察布查尔锡伯自治县是一个农牧结合的大县，土地总面积为4485平方公里，总人口约16万人。“察布查尔”取锡伯语，意为“粮仓”。锡伯族能歌善舞且喜爱骑马射箭和摔跤，享有“射箭民族”的美誉，察布查尔是名副其实的“射箭之乡”。在这方热土上，各民族之间亲如兄弟，辛勤劳动，建设着美好家园。

锡伯族以其聪明、睿智享誉海内外。锡伯族特别重视教育，儿童入学率极高。锡伯族人一般会讲四种语言，在我国各民族中当属佼佼者，素有“翻译民族”之称。由于工作的需要，很多锡

伯族知识分子除精通本民族语言外，还精通维吾尔语、哈萨克语、蒙古语和俄语，有不少锡伯人为自治区各级领导担任翻译。

察布查尔锡伯自治县是我国锡伯族文化保存最完整的区域。锡伯族具有较深厚的文化底蕴，其风俗习惯、民族语言、民族建筑和民族服饰，以及舞蹈、音乐、艺术等方面，均得到了完整的传承和保留。语言、戏曲、音乐艺术等方面，有所创造和发展。

今天的察布查尔，愚昧落后的生产生活方式早已成为昨天的故事，与时俱进的生产生活方式已在乡村牧场刮起了“现代风”。特别是西部大开发，给这里带来了前所未有的历史发展机遇。城建、交通、通信、电力等基础设施建设红红火火，一大批以地域为依托的边境贸易、农产品加工、旅游等新兴特色产业已成为当地的主流。美丽富饶的察布查尔，已从昔日寂静的历史角落，一跃成为“改革开放的前沿”，以一种崭新的面貌出现在世人的面前。

▲ 广场上晨练的人们

◀ 察布查尔锡伯自治县广场

第五章
民俗风情

历经沧桑的山川，造化出这片辽阔而富庶的热土；流淌百年的大渠，浇灌出如此平阔而丰美的家园。独特的自然与人文、绮丽的景致与习俗、生动的历史与现实，孕育并成就了锡伯族丰盛而多彩的风土民情。

锡伯族民俗是反映锡伯族社会历史发展过程和文化内涵的重要组成部分，是锡伯族在长期的生产、生活中形成的特有民俗文化传统。

饮食与服饰

饮食

锡伯族是以稻米为主食的民族，日常也食用小麦、稻子、玉米、高粱、黄米、小米等。锡伯族的饮食种类较丰富，有酒类、茶类、面类、菜蔬类和肉类等。各种饮食作为锡伯族传统文化的组成部分，在长期的历史发展进程中形成了自己独特的饮食文化。

新疆地区的锡伯族还善于吸纳其他民族的饮食文化，如维吾尔族的拉条子、抓饭；哈萨克族的奶茶、手抓肉、熏肉；汉族的各类菜肴等都成为锡伯人所喜爱的饮食，经常在日常百姓的餐桌上出现。由于饲养牛、羊等牲畜，因此也食用酥油、奶茶、奶油、奶疙瘩等乳制品。

日常饮食

发面饼　新疆地区的锡伯族一般以小麦、大米为主食。锡伯族人家的早餐虽然清淡，但很丰富。一般是刚出锅的发面饼和辣子酱、烧辣子、凉拌西红柿等小菜。如果说馕是维吾尔族饮食的招牌，那么锡伯发面饼也算是新疆地区锡伯族面食独一无二的食品。

发面饼

锡伯族的发面饼，用特别的引子和面，使面团适度发酵后擀成面饼，在锅里烙熟。擀面饼要求又圆又匀，厚半厘米，直径从60厘米到20厘米不等，依据锅的大小而定，在锅里三翻九转即可烙熟。

最早，发酵面团用的是一种

知识链接　发面饼又称“发拉哈额芬”，吃法很有讲究，饼的正面被喻为天，反面被喻为地。上桌时切成4块，必须正面朝上，反面朝下叠放，不能放反。

荒野上自然形成的土碱，这种土碱只有在人迹罕至的地方才能找到。烙饼用的柴火是麦秸秆，火候强弱适中，燎出麦子面的色泽香味。饼子表面烙出图案，正面大花片片，背面碎花点点，松软可口，香甜宜人，实在是各种面饼中之绝品。发面饼不仅好吃，烙饼本身也充满劳动的美，技艺娴熟的妇女擀出直径约60厘米的面饼后，随手一掷，将饼扔进热锅中。锡伯人招待客人一定要现烙现吃，绝不把凉的饼子拿给客人食用。

▲

锡伯族
特色菜

据说，察布查尔锡伯族烙发面饼的面引子，是二百多年前从东北西迁时带过来并一代代传至今天的。

与锡伯大饼最佳搭配的小菜“萨斯群角”也是新疆地区锡伯族美食一绝。这种小菜用五颜六色的蔬菜腌制，汉族同胞称为“花花菜”。

花花菜　秋季，新疆地区的锡伯族妇女便开始腌制“花花菜”。“花花菜”的主要原料是胡萝卜、辣椒、芹菜、韭菜、莲花白等。腌制的方法是：把各类蔬菜洗净，切成细丝，放入适量的盐拌匀后放入坛内腌起来。因为用盐较多，腌好的菜略带酸味且长期保持蔬菜的原色，既好吃又好看，一直受到锡伯人和新疆地区其他民族的喜爱。过去，在漫长的冬天，锡伯族人用打猎所获的兔肉炒“花花菜”，别具风味，是锡伯人饭桌上的美味佳肴。

◀ 锡伯族特色饮食

面酱　锡伯人喜爱的食品之一，而且家家自己动手制作。每年农历四月十八日是锡伯族的西迁纪念日，家家户户在这天开始制作“米顺”，也就是面酱。面酱多盛于瓦缸，在夏、秋季用新鲜黄瓜、小葱、辣椒等蔬菜蘸着吃，味道甚佳，是锡伯人饭桌上常见的一道纯天然的绿色食品。

东北地区锡伯族的主食则以高粱、大米、苞谷为主，小麦

知识链接　锡伯人制作“米顺”，有特别的讲究。每年的农历二月三十日是锡伯族的开春之日，从这天起锡伯人便开始制作。到了农历四月十八日，在天亮前挑来泉水，将“米顺”糊糊倒入瓦缸中，添加食盐和水搅拌，一天搅拌三次，使其保持糊状。然后将瓦缸放在太阳可以晒到的地方，过几天即可食用。

次之。

锡伯族人家家户户都种植各种蔬菜，充作副食。肉食来源主要是家庭饲养的牲畜，一般以牛肉、羊肉、猪肉为主。冬闲时锡伯族经常狩猎，餐桌上经常能见到各种野味。

锡伯族喜爱的一道菜肴是“白肉拌血豆腐”。每当宰猪，将现宰的猪肉下清水煮熟后，切成块，再将用做灌肠的猪血煮熟，与其一起搅拌，以蒜泥、葱花、盐等为作料而食之，肥而不腻，味道无比鲜美。

▲

火锅

“灌血肠”　新疆地区锡伯人杀猪或宰羊后，将血浆在开水锅里稍煮后，使其凝结成血块，再将血块捣碎伴上洋葱末、盐、姜粉、板油等灌肠，两头扎实，放入锅里煮熟后捞出。切成片即可食用，别有风味，是锡伯族独有的食品。

每个民族的饮食都有文化交流、融汇的痕迹，没有一个民族的饮食文化是特有的。西迁到伊犁地区的锡伯族，不仅从东北故土带来了独有的饮食文化，在新疆地区多民族聚居的环境中还吸纳了当地各民族饮食文化。

在新疆地区生活的锡伯族，受中亚其他民族的影响，会熬制各种果酱、制作罐头食品，每年夏、秋两季，妇女们制作西红柿酱及其他食品罐头。常做的是杏子酱、草莓酱、桃子酱、苹果酱、糖水葡萄、海棠果酱等。

节日饮食　每年农历除夕前，锡伯人一般都要杀猪宰羊，赶做各种年菜、年饼、油炸馃子。除夕晚上，全家一起动手包饺子，正月初一五更饺子下锅；初二要吃长寿面。做长寿面时先做好肉汤，然后将面条用另一口锅煮熟，捞出过水，食用时加肉汤，象征着送旧迎新。

农历正月十五，新疆地区锡伯族要吃“朱西楞布达”，这是一种肉汤面条，直译就是“二汤面”。做法是，将带骨羊肉加葱、盐等作料清炖，面条则用清水煮熟，并过水滤去表面淀粉使其爽滑。食用时每人先盛一碗带骨肉汤，再把面条挑入碗中，用筷子拌匀，即可食用，其特点是羊肉汤味道鲜美，面条劲道爽口。

馃子额芬　一种油煎馃子饼，是锡伯族人每年春节必备的传统食品之一，其最大的特色是面里加南瓜，因而炸熟后色泽鲜

锡伯族家庭聚餐

艳，脆嫩香甜。“馃子额芬”在制作时颇有些讲究。首先，将南瓜洗净去皮切碎，用油温火炒至糊浆状，起锅降温。然后，加面粉、引子、碱水和好置于暖处，使其发酵适当后，将面团擀成圆饼状，厚1厘米左右，用刀切成手指般长条形，放入油锅里炸黄至熟即可捞出。“馃子额芬”的特色就是松脆绵甜，储存一冬天都不会干硬。各家炸“馃子额芬”还可根据自己口味，添加蜂蜜、砂糖等。过去，锡伯族在整个正月里都吃“馃子额芬”，所以，家家户户都要做大量的“馃子额芬”。这种油炸馃子饼既好吃又好存放，锡伯人还把它作为春节期间家人食用或馈赠亲朋好友的礼品。据说，做这种油炸馃子饼的南瓜种子是二百多年前从东北西迁新疆伊犁时特意带过来的，这种南瓜就叫“巴拿榔乌”，意为“故土南瓜”。

馃子额芬

萨斯恒　过去，“萨斯恒”是锡伯人在逢年过节或红白喜事上的主要菜肴。其做法是：将切好的猪肉片放入锅里加葱或洋葱、辣皮子等作料炒烂，再将切好的干豇豆、胡萝卜块、白菜片放进锅里一起炒，加水文火炖熟即成。这种炖菜油水足，味

烩菜——
萨斯恒

道浓，是锡伯族传统美味佳肴。特别是过年期间，家家都要炖大量的“萨斯恒”，用大缸盛好冻起来，整个正月里就用“馃子额芬”和“萨斯恒”招待亲朋好友。如今，随着锡伯族生活水平的提高，“萨斯恒”成了一种怀旧的农家菜肴，且因口味的不同，做法也不尽相同，也因为现代人乱添许多调味品，其原汁原味正在消失。

典型食品 锡伯族的传统菜以“蒸肴”为主，如“提勒合米汗”（蒸仔猪）、“提勒合宁乌尼亚合”（蒸鹅）、“提勒合依合”（蒸鸭）、“提勒合尼木哈”（蒸鱼）等。由于“蒸肴”油而不腻，鲜嫩可口，味香扑鼻，色泽鲜亮，营养丰富，锡伯人也视“蒸肴”为上品。

羊肠

制作全
羊宴

全羊席

锡伯族食谱中较出名的菜肴是“鱼汤高粱米饭”“血拌猪肉”“全蒸猪仔”“火锅菜”等。其中极具特色的全羊席，别有一番风味。

羊肠

全羊席，锡伯语称为“莫尔雪克”，意思是“碗里菜肴”。

全羊席，顾名思义，就是用整只羊做一道宴席，把羊的每个部位分别做一道菜，以清煮为主，不同部位添加不同作料，切成不同花样，分别盛在16个小碗里，每碗都盛得不要太满，随吃随添，始终保持热气腾腾。每碗菜里还要撒些切碎的香菜和葱花，看起来五颜六色，令人垂涎欲滴，吃起来香喷喷的，沁人脾肺。这些菜肴中，花样最多的要数羊肠做的菜了。把羊肠洗净后，灌进羊血、羊肝、羊油、洋葱、肉末、大米等煮熟，分别装盘，每道菜的刀法、调料都很考究，风味不一。同时配以各种蔬菜泡制的腌菜，爽口去腻。“全羊席”做起来费工，吃起来费时，是过去的豪华大宴。由于费时费工，锡伯族“全羊席”已经濒临绝传，现已被列入国家级非物质文化遗产名录。

羊肝

特色饮食 从古到今，锡伯族对韭菜似乎有着非常特殊的感情，尤其春、秋时节嫩绿的韭菜，菜味鲜美，菜性辛辣，色、

▲

鱼炖子

▼

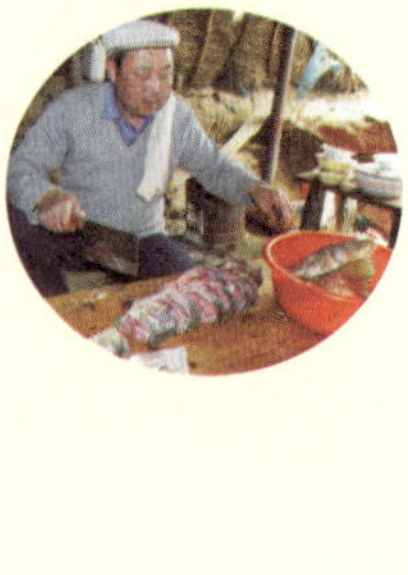

香、味俱全，用来生吃、炒食或包馅吃。

“色姆克尔额芬”的吃法就是其中之一。锡伯族的“色姆克尔额芬”具有辛辣可口、味美香浓的特点。每逢春、秋两季，锡伯族家家户户都争着尝鲜，割来新鲜韭菜，拣好、洗净后切碎，加少量清油和捣碎的食盐，在盆里拌好待用，然后把和好的面分成若干拳头般大小的面团，擀成薄而圆状，将准备好的韭菜馅均匀地铺在面饼的半部，再把另一半折过来压实，贴到烧好的锅里，三翻九转即可上桌。这种韭菜饼子，面饼擀得越薄越好。烙饼时，浇以适量清油，即成油煎韭菜饼子，味道更佳。

“尼姆哈鱼炖子”，是最具特色的锡伯菜肴，凡品尝过锡伯族“鱼炖子”的客人，无不赞不绝口。在捕鱼的季节里，锡伯人捕到肥美的伊犁河鱼后，就用清水煮鲜鱼，这种清水煮鱼味道与众不同之处在于一种特殊的作料，伊犁河边到处生长的一种叫“布尔哈雪克”的野生香草，其学名叫椒蒿。锡伯人煮鱼时要放一把椒蒿，洒一把面粉勾芡，最后再加点韭菜末，煮出来的“鱼炖子”就鲜美无比，吃了鱼肉再用鱼汤同高粱米粥吃，其味鲜美无比。

据传说，锡伯族来到伊犁河边时，伊犁河的鱼非常多，当时储存鱼的方法是在院子里挖几条深沟，把秋天打的鱼摆放一层撒一层碱土，一直摆满深坑，冬天再一层层扒开食用。

在漫长的民族历史发展过程中，除了自己的特色饮食之外，锡伯族的饮食文化与各民族一样，相互学习、相互融汇，在融汇中加以改进，形成了带有锡伯族风格的饮食特色。

服饰

服饰作为流动建筑艺术和一种流行风尚，也是区分一个民族同其他民族的一面镜子。一个民族的心理素质和审美观念的变化，都可以从服饰特点的变化中窥见一斑。锡伯族的服饰，随时代的变迁，历史的沿革，社会的进步，也发生了很大的变化，既保持了本民族的特点，又达到了服饰的美观、大方、轻巧和精致。

男装 锡伯族的早期服饰衣料是以鹿、猪、犴等兽皮为主，比较注重防寒、保暖功能。传统服装中，锡伯族的男装多为长袍，底边在膝下半尺许，袖口为马蹄形，可以卷上，可以放下。下身穿的长裤，外加“套裤”（只有两条裤腿，没有裤裆和后腰），春秋穿的是“夹套裤”，冬季则穿“棉套裤”。

清代，锡伯族男子服饰与满族

▲

锡伯族服饰

◀

锡伯族男装

锡伯族老年服饰

旗装样式基本相同。服装喜用青、灰、蓝、棕等颜色。为便于骑马、劳作与活动，身穿左右开襟的大襟长袍和对襟短袄，上套坎肩，下着散腿长裤腿带，扎腰带。腰带上经常挂烟袋荷包，脚穿布靴，夏天头戴笠帽，冬天戴毡帽或礼帽。

锡伯族老年男子一般内穿对襟小白褂，外穿长袍（冬天为棉制），有些人还套马褂，脚穿白粗布袜、布鞋（春、夏、秋穿圆口黑布鞋，冬天穿毡棉黑布鞋，其鞋鞠比春、夏的稍高一些，锡伯语称“扎布萨布”），扎裤脚，头戴礼帽。现在，锡伯男子喜穿中山装、翻领衣、西服、夹克衫、运动衫、皮鞋、靴子。样式、质量都有很大变化。个别老年人仍爱穿长袍等本民族的传统服装。

萨满服饰

除了日常的服饰外，锡伯族萨满教中的萨满还有自己特制的服装；头戴六股钢盔，胸挂护心铜镜，腰围飘带绣裙。萨满穿上这种服饰跳起萨满舞，模仿各种动物的形态和追逐、打斗、厮杀等动作，既反映了原始氏族时代的精神和狩猎、游牧的生活气息，又反映了山林文化和草原文化的特点。

女装 妇女穿戴要讲究些，穿长及脚面的旗袍，要贴花边或绣花宽边，外罩坎肩。坎肩有对襟的，有大襟的，也贴花边。衣襟、袖口、领口、下摆多镶绲边。扎黑色腿带，脚着白袜、绣花鞋。少女与未婚姑娘，一条长辫，用各色“毛线”扎辫根，不剪头发帘，头上、辫梢喜戴花，耳戴金（银）耳环，穿着淡雅漂亮的旗袍。右侧腰部的衣兜口内，掖一条彩色手帕，一半露在兜外。脚穿绣花布鞋，显示出青春的活力。婚礼时，新娘头戴“吉塔库”，锡伯语为“头饰”，即布制发圈，上有贝壳、宝石和金（银）制的花饰，下一排银链或串珠等装饰垂于眉宇之上。婚后一年内，参加较大喜庆活动仍要戴上“吉塔库”。新娘的婚礼服饰特别讲究，面料质地优良、色泽鲜艳，制作精致考究，并佩戴额箍、簪子、鬓钗、绢花等首饰。新娘还有一种特殊的佩戴物叫

“窝霍扎卡”（肢带），佩戴在两边，从腋窝到脚底。一边由三五个荷包组成，每只荷包与丝带的接口上配铜镜、玛瑙、水晶石、琥珀、玉石等各色发光物，这些饰品将各种绣花荷包衬托得更加艳丽夺目。

锡伯族女装

首饰

已婚少妇的服饰与未婚姑娘无大差别，但比未婚姑娘穿着要鲜艳。旗袍多用各种花布和方格布。发型也不同，少妇梳“盘龙髻”，额前有“刘海”，脑后有“燕尾”，头顶上乌发蓬起，盘成髻形，日常生活中将辫梳成双辫或两“鬏髻”，合起成为一个大“疙瘩髻”。头发抹头油，没有头油的，以榆树皮泡水代用，也黏稠光亮。面部可以涂粉，可以涂口红，可以染指甲等。头部髻上插着金簪，腕上佩戴金（银、玉）手镯。已婚少妇头上盘头翅。妇女戴耳环、手镯、戒指等。男女裤腿均扎黑色腿带，年轻女子扎红色、粉红色腿带，丧事时扎白色腿带。今散居在东北的锡伯族服装已和当地民族穿着相同。新疆地区锡伯族妇女虽仍喜穿旗袍，但服饰已有显著改变，特别是青年已多穿连衣裙等。

针线荷包

刺绣是锡伯族妇女必须掌握的技能，锡伯族妇女擅长刺绣，如同男子会骑射一样，如果不会刺绣，就会被人轻视。刺绣图案多为花、鸟、鱼、虫等。

锡伯族少女服饰

锡伯族妇女的装束随着年龄的增长而变化。老年妇女多穿青、蓝黑色旗袍，长及脚面，扎裤脚，穿白袜。春、夏、秋穿绣花黑布鞋（冬季为棉高鞡的），冬天穿棉袍，戴棉帽。

随着时代的变化，锡伯族服饰已经完全时尚化，传统服饰只能在舞台上看到，年轻女子都爱穿色彩鲜艳的裙子、衬衫和各种翻领、高领短大衣、毛料大衣、西服、皮鞋等。

童装 锡伯族儿童也有别具一格的服饰，式样仿照大人的旗袍，衽下左右开衩。童装做工精细，春、秋穿的夹袍和坎肩多选用绸料，夹袍的后背和衣袖以及儿童常穿的肚兜上都有用丝线绣出栩栩如生的各种花鸟、蝴蝶的图案。人们往往从儿童服饰上绣工的精细来评论母亲的刺绣手艺。儿童的鞋、帽，制作也特别讲究，款式较多，有虎头帽、虎头鞋，希望孩子长大勇敢而吉祥。

锡伯族儿童服装

婚姻与丧葬

婚姻

婚俗 锡伯族的婚姻为一夫一妻制。旧时青年男女的婚姻由父母包办，择配讲究“门当户对”。锡伯族本姓禁止通婚。清代还有“旗民不交产，旗民不通婚”的禁令。在习惯上，“骨血正流可婚，骨血倒流禁婚”，即舅父的女儿可以嫁给姑母家的儿子，而姑母家的女儿不能嫁回舅父家与舅父的儿子结婚，五服之外不限。旧式联姻有：指腹为婚，至成婚年龄予以成婚的，锡伯语叫“蛋婚”；两家子女小时候结为亲家联姻的，如女子年幼，家庭生活困难，可将幼女移交男家抚养，长大后成婚，叫“小姐婚”；招养老女婿，没有子嗣的人家为了养老送终，招女婿入赘，其婚事的所需之物均由女家承担，民间多称“帮工婿”。这种婚姻不仅过去存在，现在也存在。男女自幼联姻，在各自父母家中长大，则婚事所需之物绝大部分由男方准备。结婚前每逢大

迎亲路中被“拦路”

锡伯族婚礼

锡伯族妇女传统头饰

年三十，女婿要去岳父家送衣料和其他礼物（平时不造访），女子必须回避，女方家收礼后送给女婿一双布鞋或其他物品。

锡伯族在遇丧守孝期内禁止谈婚论嫁，不让服孝者参加婚礼，认为不吉利。过去议定婚期时，请喇嘛选定黄道吉日，多在深秋或初冬举行婚礼。锡伯族的婚姻要经过定亲、迎亲两道程序，定亲又分为提亲和定亲。提亲时，男方至少要去女方家三趟以表示诚意和恭敬，方能得到女方家允诺；订婚的仪式有两次。姑娘在结婚时一定用线将脸上的汗毛绞去，特别是前额和鬓角，要绞得整整齐齐，俗称“开脸”或“绞脸”。婚礼前，女方家长要请位“送亲婆”，她必须是儿女双全，干净利落，善于辞令，同时其属相与新娘属相不能相克；陪伴新娘去婆家，在礼仪上随时给新娘以指点，直到拜完“天地”为止。同样，男方家也要请“迎亲娘”和“迎亲爹”，代表男方的父母去迎新人，到女方家应酬和办理迎娶之事，他们也是和“送亲婆”条件相同，也是能歌善舞的男女长辈。锡伯族民间流行着一句谚语：“春天的清风和煦，秋末的婚礼热闹。”婚礼前后要进行好几天，喜宴娘家要设两天，婆家要办三天，都要杀猪宰羊，七荤八素，极尽丰盛喜庆、场面隆重热烈。

婚后第三天，男方父母带领新婚夫妻到本家茔地祭祀祖先，叫“认祖”，以教诲日后不忘先祖。接着，婆婆带新媳妇到各个亲戚家给长辈敬烟，叫“认亲”，以便日后经常往来时，见了长辈不失礼。

祈祷

婚后第九天，新娘由新郎陪伴回一次娘家，叫“回闺房”，务必当日去当日回（路途远则另当别论）。婚后满月，新娘回娘家住“对月”，但是一般不住满一个月，便由娘家人送回。这些仪式完毕后，新娘才能真正成为这个家庭的一员，担当起做媳妇的一切义务。

锡伯族有严格的家规，过去实行家规制度，随时召开家庭会议，由族长负责处理家族内部重大事宜，惩罚违反家规者。所以很少有离婚现象发生。尤其女方不得随意提出离婚。锡伯族妇女认为离婚是一件很不光彩的事，如果姑娘出嫁后被丈夫“休掉”送回娘家，这对父母、本人都是极大的耻辱，在社会上也要受到谴责。一旦夫妻不和睦，亲友们极力从中说和调解，以免家庭破裂。经反复调解，夫妻没有和解的余地时才离婚。

随着社会的发展，锡伯族古老的婚俗已经发生了很大的变化，一些繁文缛节和陈规陋习已逐渐消亡，婚俗中注入了新的内容，并且发扬光大，许多陈旧的观念正在改变，男女自由恋爱，婚姻自主得到大力提倡，包办婚姻基本消除。

婚礼　婚礼是锡伯族婚姻活动中最为隆重而又最显喜庆的仪式。

提亲　提亲是锡伯族婚事中的第一道程序，也叫“说媳妇”。

男子到了十六七岁，家长就要开始为他“说媳妇”。有了合适的对象后，要请一个人品好、有名望又熟悉女方家情况的媒人，到女方家去提亲。

媒人和男方家长第一次到女方家去提亲时，可以两手空空，不带任何东西。这次去的目的是“探路”，只做一般性的拜访，相互了解，不提儿女的婚事。但在告别时，媒人要对女方家人说：“以后我们还会来拜访”，暗示下次要正式来提亲。女方家人察觉到来者的意图，在客人走后，便会立即召开“家庭会议”，征求大家意见，了解男方的家庭情况及小伙子的职业和人品等。

媒人和男方家长第二次到女方家时，按传统习惯要带一瓶酒作为提亲的见面礼，这也是正式提亲的信号，女方家一看就明白来者的意图。寒暄之后，媒人打开酒瓶倒酒，同男方家长站起来向女方父母敬酒，并说明来意。女方的父母若同意这门亲事，经过一番推让之后，会高兴地接过酒盅一饮而尽；若不同意，则会以种种借口坚决不接酒盅。

媒人和男方家长第三次到女方家时，还要带瓶酒，双方边喝边聊，话题就会转到儿女的婚事，女方家长会公布家人与女儿商量的结果，并约定下次把小伙子带来进行“面试”；如果女方家的意见还没有统一，那么这件事还需要拖一拖，等待时机成熟。

▲

锡伯族婚俗

男方等待一段时间后，得到女方对这门亲事意见完全同意的消息，于是由媒人、男方父母及小伙子本人到女方家去，去时要带两瓶酒，作为敬酒所用。到了女方家，未来的女婿要向女方的长辈一一行礼问候并敬酒。姑娘会躲起来偷看未来丈夫的相貌和风度。过一会儿，未来的女婿还要端起双盅酒，跪下给未来的岳父和岳母敬酒，等于正式求婚。一般到这时，提亲的仪式基本结束。

定亲　提亲成功后，接下来就是订婚仪式。

按照传统做法，订婚仪式有两次，第一次叫“磕空头礼”，因为这一次不带实质性的财物，只是一个象征性的上门拜见。这天，媒人同未来的新郎及其父母，带上两瓶贴有红喜字的酒去女方家，未来的女婿端上双盅酒给未来的岳父、岳母女方家的长辈磕头，敬双杯酒，表示答谢许亲之恩。同时，女方家要准备便饭招待。第二次叫“磕湿头礼”，这一次要送去丰厚的彩礼。男方经过充分准备后，定下吉日，通知女方及其亲属。到了这一天，新郎和父母以及媒人带上活羊和其他礼物以及喜酒到女方家来，杀羊煮肉，热情款待女方的家人及其亲属。席间，在男方父母和媒人的主持下，未来的新郎要向岳父、岳母及其亲属磕头敬酒，跪献礼物。同时，要给未来的媳妇送衣料，表示心意。这样订婚仪式才算完成。

婚礼前夕，男方要在亲戚中聘请“迎亲爹”“迎亲娘”，代表男方的父母操办婚礼和迎亲等事宜。“迎亲爹”“迎亲娘”，通常要选能说会道、家里没有丧偶的人，而这样的人还要在乡里颇有威望。

出嫁　锡伯族的婚礼一般要举行三天。第一天称“送喜车”，男方要为女方送去办喜宴的物品和彩礼。

“送喜车”之前，男方家挑选一只肥公羊，举行入门仪式，人们祈求祖先保佑新婚夫妇一生平安幸福，白头偕老。随后宰羊煮肉，煮好肉后先要选择完整的羊腿部位祭祀祖先。

迎新娘的红篷车在早餐后出发。红篷车前悬铜镜，后挂八卦图，内坐“迎亲娘”和护送新娘衣物的伴娘，这辆篷车由“迎亲爹”亲自驾驶，代表新郎的父母给女方家送宴接亲。篷车的后面是送喜宴的车，上面装有两对家畜、一对家禽以及喜酒之类的礼物，显得喜气洋洋。身穿崭新礼服，胸戴大红花的新郎骑着高头大马走在迎亲队伍最前方。

娶亲路上

篷车一到，女方的长者和亲人立即出来迎接，收下礼物，宰羊准备喜宴。婚礼期间，女方家设宴两日，第一天为“小宴”，招待近亲邻里。第二天正式举行婚礼仪式。这两日新娘躲在亲朋家里，由姑姨或是表姐给她开脸，准备出嫁。第二天亲朋好友前来祝贺，“迎亲爹”“迎亲娘”、新郎及岳父、岳母都忙碌地招待客人，新郎要给每个长辈行跪礼并敬酒。

这天，女方要派新娘的兄嫂送嫁妆到男方家，陪送的嫁妆有衣柜、棉被、绣花枕头等。此外，新娘还为公婆及新郎的兄弟姐

打丁巴

妹各做一双鞋，给新郎做一到三双鞋。嫁妆车到来时，新郎的父母要热情接待，向送亲的宾客们敬酒，然后把嫁妆抬到新房的门口。这时，新娘的嫂子拿出钥匙打开箱子，新郎的父母把早已准备好的钱币投到箱子里，祝福新婚夫妇日后金银满柜，财运亨通，荣华富贵。之后，新娘的嫂子锁好箱子，把钥匙交给新娘的婆婆，表示将大权交给了婆家。

傍晚太阳落山时，“大宴”即将结束。这时，新郎和“迎亲爹”“迎亲娘”等多名能歌善舞者组成“丁巴”队伍，吹吹打打地来到新娘家贺喜并接娶新娘。男方请来的“丁巴”个个英俊潇洒，多才多艺。双方的朋友分成两排，对舞、对歌。新娘的亲友们会向“丁巴”点节目，“丁巴”们会使出浑身的解数让娘家满意，否则会被嘲笑，精彩的表演一直到深夜才结束。送行的亲友渐渐回去，只剩下姑舅、姨妈、叔伯等直系亲属。这时新娘的母亲和“迎亲娘”开始给新娘梳妆，把长辫盘成发翅，戴上银簪、头饰、耳环、戒指、镯子，穿上绚丽多彩的嫁衣，腋佩荷包、绫帕、坠儿等。

锡伯族传统化妆盒

想到即将离开父母，新娘不免流泪。母亲看到女儿这样悲伤，也一面

▲

出家门

流泪，一面唱起古老的《嫁女歌》：

……

到了婆家以后，
要孝敬公婆不可怠慢。
在娘家的时候，
上房的南炕有你的位置。
到了婆家后，
灶头锅台就是你的位置。
……
金纽扣也得扣在衣服上，
再娇贵的女儿也得坐上篷车。
……

母亲唱完《嫁女歌》，亲兄弟或是堂兄弟把新娘抬到篷车上，岳父要给女婿一个装有五谷粮食的小布袋，叫他走一路抛撒，以镇妖压邪，祈求福祉。

门口点起了鞭炮，十几个精干的“丁巴”队员簇拥着篷车出发了，新郎在篷车前撒着五谷开路，一路上欢呼呐喊非常热闹。

▲

新娘上喜篷车

这种载新娘的篷车，遇任何车辆都不让路，勇往直前，如果两辆迎亲篷车窄路相遇，那么各自的“丁巴”会将篷车的右轮抬起来悬空，左轮压在路面的中央，平分路面而过，因为谁家的新娘都不能在路上耽误时间，而要及早赶到婆家成亲。

成婚大典　迎亲篷车来到婆家，男方全家出来迎接。新娘由“迎亲娘”和伴娘扶下车，在毡子上与新郎拜天地。然后新郎与新娘通过地毡来到堂屋门前，新郎在左、新娘在右，相对在门外两侧。新郎用鞭梢揭开新娘的面纱，新婚男女互相对拜，用“哈达”将切成片的羊尾巴投入灶火之中，做“白头之誓”。接着，来到屋内，举行仪式祭天、祭神。

祭拜之后，新娘才能脚穿绣花鞋着地，不用在地毡上走路。接下来，新娘要给婆家的长辈一一磕头施礼，并给公婆、姑舅等至亲献上亲手做的鞋子，作为认亲的礼节。然后，新娘在伴娘的陪同下入洞房坐在帐幔中，整天不得下地。

第二天，是迎娶新娘的日子，要举行大喜之宴，所有亲朋好友都来祝贺，热烈而隆重。宴会要先接待女方家来送亲的“萨尔沙”（贵宾），男女宾分席而坐，由“迎亲爹”和“迎亲娘”分别招呼，男方的长者一一敬酒，表示欢迎。“萨尔沙”许多人能说会道，幽默诙谐，使喜宴气氛更为热烈。他们除了自己表演逗笑的节目，还常常把“迎亲爹”“迎亲娘”找出来表演节目，让他们唱《婚礼歌》为大家助兴。

▲ 同心酒

“萨尔沙”在临走时，会有意“偷”走些碟、碗、筷。新郎得知后，要赶上“偷”碗、筷的人，通过表演节目或唱歌等形式，要回碗、筷，这样反复几次，才能把“偷”走的碗、筷还给新郎，但是要拿走一双筷子和一对碗，直到次日新郎带着酒去看望岳父时，岳父才会还给新郎。

送亲的宾客们散去后，婆家的客人按辈分高低依次入席，继续欢庆，新郎要向他们敬酒，表示感谢。

晚上，新郎、新娘双方的弟兄都要出席，举行“换合盅”仪式。“迎亲娘”将两个酒杯用红线系上， 在一个杯子里倒水，另一个杯子里斟酒，让新郎、新娘对坐在洞房的炕上，中间放一块煮熟的羊腿肉或是羊的肩胛骨肉，用双手把双杯酒交换几次，再给新郎、新娘各一杯。他们喝了之后，“迎亲娘”要问谁喝的是酒？谁喝的是水？这样连续三次，让新郎、新娘吃三次肉，喝三次酒，表示从此结为恩爱夫妻，白头到老。喝完同心酒的仪式后，男女双方的兄弟便开始抢肉，先抢到的一方被认为有本事。

喜帐 ▼

亲友们走后，嫂子或是婆婆给新郎、新娘铺陈，这时新娘才下炕，到堂屋向祖先牌位和公婆行跪拜礼，再进入洞房。

男方喜宴的第三天，新郎和新娘要早早地起床，新娘要给公婆点烟、敬茶，新郎则要提上两瓶喜酒去叩见岳父、岳母。这天，婆家还要用车把娘家的二老接来，专门招待亲家吃“完婚饭”。这一天，新郎和新娘在父母的带领下要去家族墓地上坟祭祖。

到了第五天，娘家人要送来帐幔和两块油饼，油饼要包在纸里，卷在帐幔的挽结处，新郎和新娘在睡前各吃一块，表示吉利。

第九天，新郎、新娘回娘家探亲，住一夜。满月后新娘要回娘家住满一个月。

如今锡伯族的婚礼从简，增加了许多时尚的新内容。

丧葬

葬俗 锡伯族的丧葬仪式非常注重礼仪、突出孝道。葬礼被视为人生最重要的事件。锡伯族的历史文化发展，受满族、汉族文化影响较大，因此，在丧葬仪式上锡伯族与满族、汉族有许多共同之处。

▲

萨满舞

锡伯族传统的丧葬形式是土葬，在特殊情况下也实行火葬和天葬。

锡伯族每个家族都有固定的家族墓园。锡伯族在丧葬方面家族观念非常强烈，认为人死后必须和自己的亲属埋在一起，埋骨异乡或者进不了家祖墓园，是人生最大憾事。夫妇合葬是锡伯族丧葬的一种重要形式。安葬时，男棺的位置稍前于女棺，男棺的左侧和女棺的右侧各凿一小孔，作为夫妇灵魂出入的通道。

锡伯族传统的丧葬仪式十分烦琐。在通常的情况下，亲人逝世，要焚香烧纸，举家哀悼，亲友吊唁。小殓后，还要请喇嘛念经，择吉日（忌申日）大殓，尸体放入棺木，头向西，脚向东南，葬于墓穴中。棺木有两种：未婚男女病故，锡伯人认为其人生不圆满，“只有房子，没有房顶”，只有成家后才算圆满，所以在殓入棺底钻了洞，俗称“无底棺”；老年人的棺木绘制各种图案，十分精致；未出嫁的女人、有身孕的妇女、因意外横祸而死亡者，不能安葬在家族墓园内，须先另择墓地暂时埋葬，过一段时间火化后将骨灰装入坛中再行埋葬。萨满、巫职人员死后也要实行火葬；出生三个月以内夭折的婴儿实行天葬。

亲人去世后，七日为小祭，二十一日为中祭，四十九日为大祭，百日和周年也都各祭一次。子女守孝百日，兄弟姐妹守孝四十九日，妻室守孝三年。子女在守孝期间不能去娱乐、喜庆场合。男子不理发刮脸。妻室在守孝期间，不能改嫁。

今天，锡伯族的丧葬习俗由繁到简，由旧到新，发生了深刻的变化。传统的宗法观念逐渐淡化，在有条件的地区，提倡实行火葬，不再土葬了。守孝现象已消除，妇女须守寡三年的旧俗也被打破。人们越来越注重父母在世时应尽的孝道，而厌于死后烦琐虚假的形式。吊唁时，死者子女及近亲、朋友，胸戴白花、臂挽青纱，表示对死者的怀念，寄托哀思。

葬礼

小殓　锡伯族的丧葬有许多讲究。过去火葬，后改为土葬，用木棺。老年人病危或临终时，家中的儿女不得离开。当人处弥留之际，亲戚子女忌大声喊叫，更不能啼哭，认为哭喊声会惊动弥留者，不忍撒手人寰，不能安然离去，反而会给他带来更大的痛苦。人咽气之后不能放声大哭，只能饮泣，等给死者收殓完毕才能放声大哭。收殓时要请来本“哈拉莫昆”（家族）的长辈，女性死者由女性，男性死者由男性负责剃头、净身、剪指甲、穿寿衣。

大殓　小殓结束后，就收拾灵堂。灵堂一般是死者生前住过的房间或正屋，靠西边墙置放一供桌，屋中央置灵床。灵床之上铺一层黄表纸和纸钱，再铺一层褥子，然后把遗体放在灵床上，男性仰卧，女性则膝部弯曲面朝左侧卧，头朝供桌，脸上蒙白布。供桌上点灯、燃香，祭供点心、水果、鱼肉、羊胯骨或肩胛骨、一碗米饭和一盘菜肴，一双筷子斜插在饭碗里，一把刀插在肉块上。灵床脚后置一小炕桌，桌上点一盏灯，旁边放置丧盆以及酒水，供吊唁拜祭时烧纸、祭酒用。灵床周围就地铺上一层麦秸秆，子女守灵，意为不忘父母或长辈的含辛茹苦养育之恩。亲朋好友前来吊唁时，由跪守在灵床边的孝子接待，陪同跪拜，祭奠。

灵堂布置完毕，死者停灵之后，派人向亲朋好友、远亲近邻报丧，同时大门前悬挂灵幡，过路人见了灵幡就知道这一家有人去世了，便互相转告。

出殡　出殡之日向众亲朋好友告知，人们都来送葬哭灵。一般都在半晌，不在下午特别是申时出殡。祭祀一番后，将遗体入殓，封棺。将灵柩移到大门外，进行最后一次安葬前的祭祀仪式。死者的子女扛着挂在木杆上的引魂幡和灵幡，依次跪在大门两旁，死者亲属把丧盆砸碎在门外点燃的火堆上。然后把灵柩抬上灵车，再一次祭祀，前来送葬的人们一起哭祭。接着，灵车缓缓前行，死者的儿子打着灵幡（引魂幡）在车前引路。死者子女和亲属披麻戴孝扶灵车哭行，打幡的人一路上边走边撒冥币。前来送葬的队伍尾随而行，穿过牛录中心大街缓缓走向茔地。

安葬　出殡当日清晨，一帮年轻人由长辈指点，在选定的地点事先挖好墓坑。灵车至墓地，将灵棺抬下来放在墓坑边沿，然后慢慢放入墓坑里。死者亲属下坑，启开棺盖再次和死者遗容告别，取下蒙在脸上的白布，整理死者遗容和衣帽，然后用长铁钉将棺盖钉死。第一锹土由死者亲属先扔下去。然后众人一起动手掩埋，须用墓坑挖出来的松湿土（不得用其他地方的土）堆成坟堆，将灵幡和招魂幡插在坟头上。然后举行墓地祭祀，送葬的人们跪在坟前轮流焚烧冥币，洒水酒祭奠。死者生前喜爱的物品也同时在坟前烧化。至此，整个葬礼结束。

居住与节庆

居住

在新疆地区的锡伯族涉农较早，居住地多选择平地，且有丰富的水源，还能泄洪的地带作为村落地址。村落基本上沿袭了清朝时期新疆伊犁锡伯营八旗的村落形式，八旗由八个牛录组成。八个牛录即八个嘎善（“嘎善”锡伯语村庄、故乡之意），一个嘎

东北地区锡伯族民居

善是一个经济单位，也是一个作战单位，嘎善规模要略小于牛录。新中国成立以前，每个牛录住有两三百户不等，各个牛录周围有许多空闲土地无人耕种。过去为了防止外敌的入侵，每个牛录都围以高大的城墙，城墙高近5至6米，宽4米左右，墙上可以来回巡逻。墙上有女儿墙，上有垛口，可以架设武器射击防敌。墙上每隔一段有一隐蔽堡，墙外的掘土坑没有填平，起着护城壕的作用，城墙一般长约5里。过去，按规定，在牛录墙外附近不可种树栽木，以免成为敌人的隐蔽物。在墙内近前也不准挖渠引水，不准挖墙土，人人有保护城墙的义务。如果谁破坏了城墙，谁就要受旗下档房的严厉惩处和当地居民的痛斥。每个牛录有4个大门，夜闭昼开，日夜有专人看管，看管者一般为老人。每个大门上都祭有门神。牛录的街道，基本上是东、西、南、北呈网状。其中呈南、北走向的街道相隔的距离较宽，在一个牛录里有三四条不等。而呈东、西走向的街道相隔的距离较近，一个牛录有十余条。每个牛录都有两条“十字”大街。其他街巷都与它相通。街道有的较宽直、有的较窄曲，但都能通过马车。街道两旁都植有杨树、榆树和柳树，分派各家管理。锡伯族有个良好的传统习惯，选地盖房前先种植树木。因此，凡是居住的地方都是树木成林，郁郁葱葱，使人心旷神怡。民间有句谚语说：“来水前打坝口，盖房前先栽树。”在民间，评价一个农夫的勤劳和懒惰，往往以种树的多少作为标准。

锡伯族爱整洁。过去牛录的每条街道要定期进行打扫，街道上不

▲ 霍诺海寺庙

◀ 察布查尔锡伯自治县街道

准让牲畜、家禽乱窜。农家肥必须堆在隐蔽之处，一年的肥料，在春季必须清除掉。饮马者不可将马牵到水渠边上去饮，须用水桶接水，离渠几十米处去饮。如果谁家的猪跑到河里，一旦被发现，主人就会受到严厉惩处，或者当场把猪宰杀。因此，牛录的街道都非常干净。这样，既保护了环境卫生，又避免了各种病虫害的繁衍。新中国成立后，每个牛录的城墙、大门都已不复存在，因人口增多，村落不断向四周扩建，过去的城墙遗址，只有一些零星的残垣。同时居民的民族成分也发生变化，由单一的锡伯族变为与汉族、维吾尔族、哈萨克族等民族杂居的局面。改革开放以来，锡伯族的村落也发生了巨大的变化，进行统一规划，对主要街道进行拓宽，铺设柏油路面，路面宽而平坦。马路两侧都有绿化带，并且安有路灯。农村改水工程的实施，使农民都吃上了自来水。

▲ 伊宁旧景

民居

锡伯族的庭院大小不等，有的面积三四亩，有的则七八亩地。庭院都呈南北长方形，四周都栽有各种树木。庭院都用矮墙围成，以防牲畜家禽进入。庭院一般都以住房为中心分成前后两院。前院小，后院大，前院一般都种有果树（苹果、杏、桃、枣、葡萄）、蔬菜（韭菜、辣椒、茄子）和各种花卉。为防止家

锡伯族民居 ▶

禽入院乱窜，大部分人家又把前院围以矮墙，并安上精巧的木门。有的人家为方便抱柴出入方便，把牛羊圈、草棚修在前院一角。在前院里住房的旁边，一般都搭上凉棚，安炉灶，以便在盛夏天热时做饭用餐。出口处一般设在前院。后院比较宽大，都种有树木、农作物等。大部分人家把牛羊圈、猪圈、鸡窝、菜窖、停车场、厕所等修在后院。

锡伯族的住房，在古代是帐篷、草房、马架子、地窝子，这与当时的生产方式、地理气候环境等有关。游猎、游牧的生活方式使帐篷得到发展，渔猎时须搭草房居住，就是锡伯族所称的

锡伯族传统居室

“托博”，这在锡伯族民间古老的渔猎歌《雅其那》中就有所描写。随着历史的发展，锡伯族逐渐转为定居的农业民族。因此，这些居住形式已成为历史的陈迹。

平房（马架子）多向东（锡伯族萨满教认为，初升的太阳代表生机。因此，住房向东，具有祈祥求安之意）。向东的房子可以充分采取午前的阳光。房屋一般为3间，中间为厨房，两耳间是卧室。窗户较小，室内光线不足，较阴暗，但冬季暖和。墙壁均用湿土打成。这种房屋造价低，用工、用料较少，一般人家都能造得起。

锡伯族的人字形大屋顶房的造型是从满族学来的。它的造价较高，用工、用料较多。房屋的造法，先是用木料搭起房屋的骨架，然后用土坯垒起来抹泥、刷灰。斜顶房一般也是3间，房顶

很陡斜，廊檐很宽，门窗都用小格木制作，制造时需要较精湛的手艺。窗户为左右开启式和向上开启式。左右开启式同现在的窗户相似。向上开启式的窗户轴同合页钉在上面，因此，开窗后必须把窗芯钩到在房梁上吊着的木（或铁）钩上。斜顶房的窗户都很大，有的几乎整个南墙都是窗户，窗户上都糊上白纸和油光纸、蜡光纸。门也很大，门槛高出地面30~40厘米。这种房屋有钱人才能造得起。

▲

锡伯族传统门扇

锡伯族的“杜喀包”（门房或厢房），一般盖在大门旁（有的大门两旁都有）为平房，有钱人常常把它出租给穷人或让长工、短工居住。

锡伯族“哈什包”（库房），每户都有一到两间。平顶，较低矮，但要求干燥。“哈什包”里一般放粮食、农具、燃料和其他杂物。一家的家产有多少，从该房中就可以反映出来。

房屋的地基都比较高，故住房都干燥，以防患疾病。房屋顶棚的造法也很特殊。在垒好的墙壁上先放几根大梁，上置碗口粗的椽子，上面铺用麻线扎的整齐的苇子（5厘米厚），其上铺一层麦草（有5厘米厚），在麦草上面又铺5厘米厚湿土，并踩实。由于新疆地区气候干燥，房顶坡度都小，没有特殊的防雨措施。房屋墙壁大部分土打泥抹，有的用土坯垒成后抹泥粉刷。

锡伯族在新中国成立前造的房屋前的土墙两头，都有一米多宽的“玛图”（挡风的屏障墙），房屋的廊檐和“玛图”并齐，故老式房屋廊檐很宽，锡伯族有的叫“大廊檐屋”（即大屋顶房）。大廊檐有其自己的优点，可以避风遮雨，保护门窗不受风吹雨淋。

自20世纪二三十年代开始，对传统的住房进行改造，开始兴建“来兰皮”房屋。“来兰皮”房屋较特殊，其造法大致如下：房屋盖到一定高度后，把比碗口粗的椽子从中间锯成两半，在墙上水平放7~15根（奇数），把剥皮的苇秆五六根一把，用苇子扎在横椽底下，在苇子上面抹粗麦叶子泥，等晾干后，房子里层再抹细泥上光，称之为“来兰皮”，此后再封顶。“来兰皮”房子整洁光亮，冬暖夏凉，锡伯族人民群众多建盖这种房屋。

20世纪80年代以后，锡伯族建造的房屋以砖混结构居多，窗户用采光较好、高而宽的钢窗，而且一般都不盘火炕。室内采暖

大都用铁炉，部分家庭还安装小型锅炉，利用土暖气进行采暖。地面铺瓷砖，顶棚吊顶，房屋的装修也与城市里相差无几。

锡伯族选宅基地，没有什么讲究，一般兄弟分家，将祖宅的前院或后院划出一块，盖房居住。盖房一般都由泥瓦匠来承担。唯独封顶是件隆重的大事，请来亲朋好友帮忙，这一习俗沿袭至今。封顶择日有一定的讲究，选定良辰吉日将派人前去邀请亲朋好友，被请者有钱出钱、有力出力，几十人聚集在盖新房者庭院里，齐心协力，上大梁，上椽子，铺苇子，上房泥封顶。最后宰羊举行盛宴，款待前来帮忙的亲朋好友。

锡伯族在新房落成搬进新居之后，邀请亲朋来盛情款待，称之为“暖热炕”。邀请范围比较小，限于直系亲属。被邀请者要将新碗、碟等炊具作为礼物赠送对方。

锡伯族以西为贵，故西屋由长辈来住。没有长辈的，由父母住。过去房屋都有“安巴纳罕”（大炕），这种火炕具有很浓厚的民族特色，它由三面环绕的南炕、西炕和北炕组成。南炕由长辈或父辈居住，北炕由客人居住，西炕一般有贵客来时请之坐卧。一般客人和家人不能在西炕上坐卧，因为西炕靠山墙立佛龛供佛。

▲

新疆锡伯族新居

锡伯族的居民火炕高60厘米左右，造法很特殊，由5个烟道组成，火炕（环炕）的烟道都是相通的，没有高超的技术是打不好的。盖完一幢新房，打炕是关键，也是人们最操心的事宜。火炕一旦不通烟，就得重打，既费力又耗神。因此，打炕高手往往受到人们的器重，一般给打炕的人送礼物或钱，并受到聘家的盛情款待。随着房屋形式的改革，大炕也被改造，渐渐只打一面炕（多为北炕）。

▲

锡伯族传统卧柜

锡伯族居民在西屋的摆设比较朴素，为适应老人们的心意，也较讲究，一般放小炕桌、大木柜、凳子、八仙桌等。八仙桌前挂先辈的画像，桌上放香炉、茶具，有钱人还摆一对瓷花瓶。炕上又放有特制的长方形木具称之为“吉伯浑塔图库”（炕柜），高有一尺左右，有数个抽屉，抽屉里放鞋袜，在炕柜上面叠放被褥，炕上铺有苇席或毡子。新中国成立前穷人用不起苇席，就用高粱米熬成的稠饭汤抹炕面，使之光滑，不起灰。

▲

锡伯族传统梳妆镜

在房屋的中间屋子有个过道，过道里屋是厨房，筑有锅台。锅台比里屋内的炕低，过去很多厨房里没有过道，连着锅台修有小炕，炕和锅台中间隔有30厘米左右高的“古准”（小隔墙），以防小孩发生意外。

东屋为儿媳、子孙卧室，室内摆设有一条凳子、一张八仙桌、一个大柜等。一般房屋有5个窗户，南面3个，北面2个。

节庆

锡伯族的节日和其他少数民族的节日一样，有其美妙的传说、绚丽的色彩、独特的情趣和深厚的群众基础，在一定程度上表现或反映了本民族的精神和情感。锡伯人的每个节日极富浪漫、动人的吉祥含义；每个节日都是岁月长途中的欢乐盛会；每个节日都是生活中的美妙诗篇。

西迁节　锡伯语称“duin biya juwan jakūn”。此节日为锡伯族自己的节日，是锡伯民族的西迁纪念日，又称“怀亲节”“四一八”节。

乾隆二十九年（1764），清政府在盛京等地征调锡伯族官兵1 018人，连同他们的家属共计3 275人，西迁伊犁屯垦戍边。这

纪念西迁246周年活动

一年的农历四月十八日，西迁新疆伊犁的锡伯族和留居东北的锡伯族男女老少，聚集在盛京的锡伯家庙——太平寺，祭奠祖先，聚餐话别。次日清晨，锡伯族官兵及其家属告别了家乡的父老乡亲，踏上了西迁的漫漫征程。经过16个月的艰苦跋涉，到达伊犁。从那一年开始，每逢农历四月十八日这一天，锡伯族都隆重开展各种纪念活动，并把这一天定为自己的传统节日。

西迁节的庆祝活动丰富多彩：有野炊、射箭、比武、唱歌、跳舞等娱乐活动。演唱《西迁之歌》逐渐成为新疆地区锡伯族欢度西迁节必不可少的内容，成为西迁节最独特的文化表现形式。

“四一八”节已成为东西两地锡伯族共同庆祝的节日。这一天，东北三省的锡伯族都要聚在一起组织联谊活动。察布查尔锡伯自治县各个牛录都要举行文艺会演、赛马、叼羊、射箭、摔跤等纪念活动。锡伯族男女老少穿上节日的盛装，弹响“东布尔”，吹起“墨克讷”。年轻人骑着骏马出外野游。妇女、老人们坐车赶庙会，或者亲朋好友相聚，三五成群到野外踏青，到伊犁河边野餐，吃鲜鱼，做蒸肉。这一天，各家各户开始做“米顺”（面酱）。“四一八”节是纪念民族历史事件的节日，经过二百多

知识链接 《西迁之歌》唱词达400余行，3节为1乐句，全曲12小节，历经二百多年的丰富、加工和创作，版本已有7种之多，传承至今。

▲

歌舞剧《西迁之歌》剧照

年的传承，内容包含了锡伯族民族心理、民族情感以及悠久的文化传统。“四一八”西迁节已经被列入我国非物质文化遗产名录。

抹黑节 “抹黑节”是由过去锡伯人在每年农历正月十六日相互抹黑的习俗演变而来的，久而久之，这一天就成为锡伯族传统的“抹黑节”。正月十六日“抹黑节”是锡伯族古老的节日，东北地区的锡伯族很早就过“抹黑节”，用意是“请求五谷之神，免掉庄稼的黑穗病，保证丰收”，是锡伯人虔诚表示要种好地、爱惜粮食之意。这一天，牛录的年轻人要竞相早起，把前一天晚上准备好的抹黑布带上出门，谁出门迟了，谁就有可能被堵在家里，抹黑布是用毡片或者抹布浸过油后再沾上锅底灰做成的，年轻人都想把别人堵在家里抹黑，因此这一天大家起早出门，年轻人成群结队，手里拿着准备好的浸了清油、沾上锅底烟的“库肚库”（布或毡片），挨家挨户走，只要遇到人，不分男女，捉住就往脸上抹。大家在街上相遇，你追我赶，或三五人联合起来抹一个人，或一群人分为两帮对抹，抹完后，相互观望，笑声不止。那些还没起床的人，也会被人掀开被子，抹个一脸漆黑。按风俗，谁在这一天不往脸上抹黑，这一年他就会不吉利。

锡伯族尊敬老人，对老人动手动脚或嬉闹过度也视为大不敬，但“抹黑节”这一天如果遇见老人，也可以给他抹黑，只是须先请安行礼，然后恭恭敬敬给老人抹上一点黑，或者由老人自己抹，表示同庆同乐之意。人们一直抹到日出东方，千家万户炊烟袅袅方止。

锡伯族除了自己特有的节庆活动以外，还与我国其他民族一样过春节、清明节等传统节日，只是在这些共同欢度的节庆活动中保留了自己的特色。

春节　春节为农历正月初一，锡伯语称“阿么巴阿涅”，意为大年。

小年是农历腊月二十三日，小年这天，白天清扫室内外，贴纸花，办年货。晚间送灶王爷，当日晚饭后，取下贴在墙上的灶王爷、灶王奶奶的画像，把灶糖抹在他们嘴上，然后将其与高粱秸做的小马车一起烧化，同时一家人叩头，祖母代表全家祷告：“上天言好事，下地保平安。”

节日舞翩翩

从农历年三十开始，锡伯族各家各户都要杀猪宰羊。妇女们忙着炸油饼、油馃子，烤制具有民族特色的“锅盔”，烹制“萨萨罕索吉”“车勒”等菜肴。按照锡伯族习俗，大年三十这一天要提前烙好足够一个月吃的“锅盔额芬”、炖制一大缸“萨萨罕索吉”和“车勒”，整个正月是不允许动刀、动灶的。除夕晚，全家一起动手包饺子，正月初一五更饺子下锅。之前，家长要带领全家人祭祀祖先，敬土地神。把家族的“喜利妈妈”拿出来挂在正房。第二天，各家各户争先恐后早起，全宗族中的晚辈男子在早饭前给自家的长辈拜年，饭后向家族长辈拜年，谓之“迎新春”，初二要吃长寿面。妇女先给本宗族的长辈拜年，媳妇开始外出拜年，第一家就是自己的娘家，丈夫一定要同去，而且要拿礼品，但必须在太阳落山之前回来。初五，这一天要吃一顿饺子，叫“捏破五”，意思是把人与人之间的“隔膜”都能捏合在一起，在新的一年里，一切圆满顺利，运气好。

春节祭祀祖先

二月节 农历二月初二，俗称“龙抬头”。这一天要收回大年三十挂在正房的“喜利妈妈”。为了送“喜利妈妈”归位，要将荞麦面团用刀削成不规则形的面片，名叫“荞面特合勒”。下锅煮熟后，拌红糖吃。锡伯族各户男女老少都去叩头，吃“荞面特合勒”。家家户户用灶塘中的灰，从井台撒到家门，撒成一条较宽的灰道，叫作“领龙”或“引龙”。

▲

清明节

清明节 清明，锡伯语叫“杭西”，锡伯族一年要过三次“杭西”。第一次，农历三月中旬，即农历清明前后，这次“杭西”无论家境贫富，身份贵贱，都要祭扫祖先陵墓。因为这个季节已能捕开河鱼，所以供品多为鱼类，故也称“鱼清明”。第二次，农历七月，此时瓜果正熟，以瓜果祭供祖先，称为“瓜清明”。第三次，农历十月初一，锡伯族称“专拜依车”，为缅怀祖先，每年这一天也要上坟祭扫，将用纸叠成的衣、裤一起焚烧，谓之“送寒衣”。

端午节 农历五月初五为端午节，初五前半个月，妇女们就要给孩子们的后背处挂上用布条缝制的“猴子”，叫“申”。在端午节这一天，清早要在门前泼水，门户上悬挂艾蒿，为了驱除五毒，还要饮雄黄酒。将孩子们领到河边，把后背上的“申”丢在河水中，以消灾避邪。男人们还要射箭、叼羊、赛马。端午节这天，人们不分男女老幼，互相泼水。家家户户都纷纷出动，到田野去踏露水，让草叶上的露水浸湿鞋袜衣裤，以求消灾祛病。

腊八节 农历腊月初八，称“腊八”。这一天，锡伯族每家都做“腊八粥”食用。“腊八粥”为黏饭，以江米或黄米加其他杂粮煮成，食时加糖。

▲

锡伯族长辈接受晚辈们的拜跪祝寿

礼节与禁忌

礼节

尊老爱幼、注重社会公德、爱护环境、讲究卫生、讲究礼节，始终贯穿在锡伯民族的社会活动和生活习俗之中。

尊重老人是锡伯族古往今来的传统美德。锡伯族每个“莫昆”（家族）都有家规，把尊重老人列为最重要的一条。例如有的家规中规定：“斜视老人掌脸”“谩骂老人者，要在莫昆会议上惩办”等。平时节庆和红白喜事，让老人坐上席。在大街上遇到老人，骑马、乘车者，要下马、下车，让到一旁或上前“打千”行礼，等老人应声后方可离开。晚间老人没有睡前晚辈不可先就寝。见老人进门，晚辈不可抢先入门，等长辈进去后，才能随后而进。老人教导时，年轻人必须垂手聆听。老人们谈话时，晚辈不可随便插话。年轻人不能和长辈同桌饮酒。老年人的衣服鞋帽

等不可随便翻动，尤其是帽子不能随便拨弄。

锡伯族在伦理道德方面完全吸纳了儒家文化，同时根据本民族生活方式建立了一套伦理道德规则，是以封建宗法制度为核心的礼仪道德观。父亲在世时，儿子不得分家；在家庭生活中，尊卑有序、长幼有序，男尊女卑、父权为大；由男性族长组成的“氏族”会议，处理家族内部的重大事情，执行族规。

锡伯族是崇尚整洁的民族，“笑破不笑补”。无论经济条件如何，都把室内外生活环境搞得整洁明亮，井井有条。室内卫生要保持时时整洁。如果把客人迎进肮脏凌乱的房间，是对客人不尊敬的表现。室外庭院的卫生更重要，垃圾场、畜圈等设施不可设在显眼处，而必须设于背阴之处。自己的庭院，门前的大小路径必须自觉进行清扫，保持长久的整洁，门前大小路径肮脏的人家会受到众人的非议。平时走亲访友，要讲究穿着打扮，即便是

知识链接 “打千”的姿势是立定后，左脚先迈出半步，双膝弯曲，把左手先放在左腿膝盖上，然后右手压住左手，身子往下曲，即刻复直。锡伯族的“打千”形式和满族的“打千”形式相似，但稍有区别。

“打千”
礼仪

破旧的衣服，也要补齐洗净。穿肮脏破烂的衣服访友，是对主人不尊重的表现。

锡伯族最注意讲究说话音调，其谚语说：“好话坏在音调上。”应答要和气，否则会处处受到指责和议论。

锡伯族的礼仪，过去都规定在族规家法之中，人人都要严格履行，形成约束力。现在，锡伯人仍在讲究和遵守这些礼仪。

“打千”是锡伯族在日常生活中经常用到的礼节。“打千”礼自古传到今天，是非常普遍应用于见面时的礼节。晚辈与长辈、久别重逢的同辈、老人与老人见面时都行此礼。所不同的是，老人与老人、同辈与同辈之间行“打千”礼时，对方也同时“打千”，即“答千”回礼，其回礼是身稍躬，双膝微曲，右脚稍前错开，双手置于膝上。而年轻人向长辈“打千”时，长辈只是吭一声就算应礼了。锡伯族的“打千”礼只限于本民族内使用，妇女不行此礼，但男性向女性同辈行此礼节时，妇女也须做出“打千”的样式回礼。

禁忌

锡伯族在漫长的历史演变中形成了属于本民族的独特禁忌。

知识链接 **婚姻禁忌** 忌奇数日结婚，因为婚配是成双的喜事。忌闰年办喜事、盖房子；忌在父母大寿年份办喜事；忌一户人家一年内办多次喜事。已婚的女子，婚后三年内不准在娘家过春节等。

锡伯族婚俗——压箱钱

锡伯族的禁忌是锡伯族民族意识、宗教信仰、文化心态、社会生活观等在审美观念上的集中反映，它具体体现于日常生活之中，成为锡伯族习俗中的一个重要组成部分。随着社会的发展，许多禁忌已被摒弃，但是传统的禁忌观念以及现今仍有积极意义的禁忌还在被锡伯民族所延续。

以前锡伯族子女婚嫁时，年龄都是奇数。因此子女在偶数年龄（如18、20等）时，老人绝对禁止其结婚，至少一方的年龄是奇数，才能举行婚礼，否则是不吉利的。因此，在双方相亲和结成亲家之前，首先了解清楚婚嫁男女的年龄，如违背以上禁忌则不能结婚。

新娘入门“跨马鞍”

锡伯族在举办婚礼时，要选择黄道吉日，举办婚礼的日期必须是偶数日，忌在奇数日举办婚礼。男女双方的一方父母如时年正值60岁，则此年不能结婚。

新娘子坐喜篷车

出嫁时，必须保持规定的方向和坐姿，否则就认为不贤惠或不吉利。“迎亲爹”和“迎亲娘”须是多子多孙、德高望重、品德优良者，忌用鳏夫、寡妇、无子女者充当。接新娘的喜篷车进入女方家院门后，必须停放在固定的地点，不得随意移动和另做他用。新娘出嫁坐车的时间必须是清晨或上午，忌讳下午出嫁。锡伯族认为清晨的太阳是上升的，象征着兴旺红火；下午的太阳是降落的，象征着衰亡。新娘在出娘家门到婆家进入新房之前双脚不能着地，用毡毯抬起让新娘坐上喜篷车，下车后踩着毡毯进入新房。新娘进入新房上炕后直到夜晚举行交杯仪式之前不得下炕，所以出嫁那天禁止进食。男女双方在筹办婚事的日子里忌讳谈论涉及死亡之类的言语或去参加丧事。禁止当着新郎、新娘的面嘲弄或议论无嗣之人和伤残孤寡者，禁止谈论家庭不和或离婚之类的话题。女子出嫁以后，不得因家庭争吵擅自回娘家，这被视作女方父母的极大耻辱。平日夫妻相处，忌讳丈夫夸奖妻子。

▲

锡伯家庙
拜祭祖先

同一个“哈拉莫昆”和叔伯姑舅之间有近亲血缘关系者互不通婚，或者男女辈分不对也不能成婚。

锡伯族忌食狗肉，甚至与狗相连的物品也不使用，如狗皮制品——帽、手套、裤、袄、褥、被等。其他民族亲朋好友来锡伯族家中串门戴了狗皮帽、手套时，不能将其带进里屋，要放在外屋。禁食驴、猫、蛇和已毙的动物肉。吃饭时不许将筷子竖插在碗里，只有供祭品时才允许这样做。客人来吃饭时不允许把碗和盘子叠落起来，等一家人吃完才能收拾碗筷。吃饭时不允许剪指甲。筷子必须摆放整齐，不摆放单根筷子。买碗筷时，不能买单数，须买双数。吃饭时不得坐门槛或站立行走。禁止用筷子敲打饭桌、饭碗，或把筷子横在碗上。全家进餐按长幼就座，以西为上，过去父子、翁媳不得同桌。

锡伯族过去在饮食上还有许多必须遵守的规矩，比如经常食用的发面饼，上桌时分天、地面，天面必须朝上，地面朝下，切成四块摆在桌沿一边。食物禁止随地弃扔，锡伯族认为民以食为天，食物是最贵重之物。如果发现弃扔食物，当即拾起置放在高处或扔在屋顶上。吃饭时不许用筷子指碗里，吃饭时不许乱搅菜盘挑拣食物，只许各吃自己面前的菜肴。不许用筷子打猫，说这样会引蛇进屋，招致灾祸。不在外面或别人家随便吃饭，吃饭时不许趴在饭桌上睡觉。不许吃饭时挤鼻涕、吐唾沫。禁止幼童耍弄刀器，将筷子插进嘴里跑着玩。早餐前不埋怨责备人。饮食后不在潮湿的地方卧躺，不从锅碗上面跨越。

姑娘在出嫁以前，要梳辫子，结婚以后则不许梳辫。妇女只能穿矮靿鞋，不能穿高靿鞋，但随着社会的发展，这些习俗已有改进。

在丧葬方面，人死后在办理完洗尸、剃头、穿衣等收殓事宜之前，其子女和亲朋不得高声哀哭。收殓完毕才向各亲朋好友告丧。告丧时忌讳直接讲“死”字，而要说“没有了”“寿终了”“百岁满了”等间接婉转的语言。洗尸穿衣时，禁止儿媳在场。防止猫、狗跳扑尸体。不得在死者头前站立，死者的子女和其他女性不得在炕上坐卧歇息。出殡之前在死者脚下点一盏灯，不得熄灭。不得扫地，打扫屋子。死者生前戴用的耳环、手镯等心爱之物要陪葬，不得取下他用。须在上午出殡，不得在午后特别在傍晚出殡下葬。尸体头部先入棺，后脚部，尸体不得见阳光。供祀用的鸡不得刀宰，要用针锤戳死。如死者是青壮年，不得用彩纸

锡伯族晚辈向长辈行礼

制作灵幡。不得从死者家里借东西。不得穿戴孝服去别人家里送葬。孝服上不得插针或缝褶边。死者子女守孝期间不得剃头剪发，打扮修饰，不得参加婚礼等喜庆宴事，不得参加唱歌跳舞等娱乐性的活动。守孝期间妇女不准改嫁，男子不娶妻。死者坟头上不得断绝香火，新坟三年内不培土，闰年亦不培新土等。

▲

锡伯族舞蹈

锡伯族非常注重礼节，辈分区分严格，晚辈对长辈必须尊重，不得怠慢无礼，见面要施礼问候。打架斗殴，酗酒闹事，出言不逊，不尊重老人等行为都会受到社会舆论的强烈谴责。男人不到30岁不能留胡须。年轻时不许喝酒，男女到了40岁以后才允许喝酒，为的是保持生育的正常。

晚辈与长辈同路，须走在长辈后面，不得越前。晚辈不得直接称呼长辈的姓名，说话时不得称“你”或“您”，须以称谓称呼，如父、母、爷、奶、叔、舅、姑、姨等。儿媳与婆婆同桌吃饭，不许叉腿而坐或者做撅屁股之类的姿势。子女不许在父母对面跷腿而坐，不许敞开衣襟纽扣在大街上走路。长辈说话时子女或晚辈不许插话打断，待长辈讲完后才能陈述己见，而且语气要谦恭。不许用筷子指人或打人，不然视为不礼貌。晚辈不许与长辈同桌饮酒、抽烟。骑手走路遇见长辈时须下马施礼让路，不得径直而过。忌讳议论他人。不在老师和长辈的面前说脏话。不许用手指神位或父母。不许在神位前落座。不得随意翻动长辈的衣帽等物品，不许询问老人的岁数。长辈进家门时，晚辈须出门迎接，并进屋后让座。接待客人时，不在客人面前讨价还价。客人不得擅自进入主人家儿媳妇的卧室。家里不随便讲论街道轶闻，特别忌讳嘲讽聋哑等伤残者，即使非谈论不可时也要使用同情的语气。在吃饭的时间里不得在外游荡和串门，不在清水里大小便。夜里睡觉时不在火炕横卧。晚辈不得先于长辈就寝。吃饭时不许说话、谈论事情，不许高声吵闹、不训斥、不责备，以保持愉快的气氛，有助消化。请客人吃饭时，主人不得敲打瓢盆说“饭好了”之类的话。送迎宾客时主人要走在后面，不得超前越行。

妇女做衣服，布置房间不能用黄颜色的布。女人不许上房顶。不许在锅灶边上擅自进食。不许把身上的脏物扔进水里。不许在止屋附近解手。

知识链接 **出热汗** 坐月子期满的前一天食热饭，将两个熟鸡蛋夹在腋下，另两个紧握于双手中，让产妇卧在炕上，盖上层层棉被出汗。

孕妇不许做体力活，不许看小孩尸体、遭横祸之类悲惨事件，不许听引起伤感或悲哀的事情，不许去有病人的家里串门。不许跨越绳子，认为这样生下的孩子肚脐绕脖子，实际上是防止孕妇跨越绳子时跌倒，导致流产。孕妇不许用衣襟装辣椒、番茄之类的东西，认为这样会生出有疝气的孩子。不踩踏纸墨用品（其他男女也是如此），认为这样是对知识的不尊重，生下来的孩子会是弱智。孕妇借东西，物主一定借给她，认为孕妇有四只眼睛，等于两条生命在借你东西，不借是不应该的。孕妇看中想吃的食物务必予以满足，认为如果不这样，肚子里的孩子生下来会有缺陷。

产后的妇女禁食冷饭、冷菜、酸涩的食物，多食肉类。不许手脚裸露。坐月子期间不许下炕走动，出热汗摆脱虚弱后才能下炕。坐月子期间还禁止手触冷水、透气、梳头、漱口、擦洗身子。禁止大声哭喊，过度悲伤。不许做针线活、读书看报等。

家有病人、小孩出水痘、妇女生孩子等，要在大门框或树上挂红布条或一小束草，以示禁止外人入内，防止传染。

▲

锡伯族舞蹈

睡觉时脱下的裤子要是放到高处，或是横放在炕上，就要受到老人的责骂。如果无意中从衣帽、枕头上跨过，须立即在火上摇晃几下被跨过的东西，否则这件东西就会被认为不干净，没人再喜欢使用。不许坐、踩锅灶。不能动用墓地里的一切东西。禁止宰杀狗、猫、狐狸等动物，如有打死或伤害狐狸的事情发生，则须杀鸡、宰羊备办酒席赔罪。正月初一至十五，妇女不能做针线活，谓之“忌针”。二月初二，不能在地上劈柴。大年三十不能在别人家里吃饭。过年期间不讲不吉利的事情，不恶声恶气地说话。节日里不吵架，不闹纠纷。供献给“海尔堪玛法”的乘马，妇女不得骑用。牲畜产仔时，不能让属虎者看护。不准称赞婴儿漂亮、好看，不当着小孩子的面，评价其长相和脾气。不许将书当垫子使用，不许把扫帚当作烧火棍使用。扫地时不许退着扫。白昼不点灯。不能面向住屋小便，不面向灯吐口水。不许伤害燕子，视其为吉祥之鸟。

喜利妈妈与海尔堪玛法

喜利妈妈

在锡伯族人中至今仍然保留着一些原始信仰，供奉“喜利妈妈”，是原始宗教信仰在民间的遗存之一。“喜利妈妈”是保佑子孙繁衍和家宅平安的女神，“喜利”在锡伯语中的意思就是“延续”。

“喜利妈妈”（siri mama）是由“喜仁妈妈”（sirin mama）演变而来。在锡伯语中，“喜仁”（sirin）是“藤蔓系”的意思；“妈妈”（mama）则为奶奶、老妪之意。合起来意为“世系奶奶”。“喜利妈妈”在东北地区锡伯族中汉译为“子孙妈妈”，意思是有了女祖宗，子子孙孙才能不断地繁衍生息，一代接一代地传下去；也包含保佑家宅平安和人丁兴旺之意。因而，过年时给“喜利妈妈”贴“福”字，或是贴上“供圣喜生聪明子，奉神永保寿男儿”等对联。

在一根长约10米的丝线上悬挂的每一件东西都有一番讲究：拴一个羊髀骨，代表家族辈数；挂一张小弓箭，表示生了一个男孩，祝愿他继承先辈传统，长大成为骑马射箭的能手；挂一条彩色布条，表示生了一个女孩，希望她日后精通女红，成为贤妻良母；挂一个小吊篮象征娶了一个儿媳，盼望她传宗接代早生贵子；挂小靴、小鞋，是祈求子孙众多，香火鼎盛；挂木锨，为祈祷风调雨顺，五谷丰登；挂铜钱，寄希望于发财致富，家道兴隆。

喜利妈妈 ▶

挂“喜利妈妈”

锡伯族盛行祖先崇拜，他们为了传宗接代，也把祖先的辈数刻记在木头上。但是天长日久，记事的木头慢慢腐烂散失，后辈很难记清自己先祖的名称、辈数。后来，人们在劳动实践中想出了一个很好的办法，就是在屋子对角拉一条绳子，锡伯语叫“喜利”，每生一子添一小弓箭、箭袋。每生一女添一小布条；而增添一辈人就系一块羊背骨。这样一代接一代，从不间断。后辈对自己先祖的情况就一目了然了。

用这种方式记载本家族自始祖起的所有族人，形象地反映出了一个血缘家族人口的发展脉络。至今在一些锡伯族家中仍保留这种祖传下来的“喜利妈妈”。

“喜利妈妈”供奉在西屋内西北墙角上。平时将其拢在一起，用纸包好挂在西屋西北墙角上，每年除夕将“喜利妈妈”请下，将绳拉开，从屋内西北角扯到东南角，把绳的两端挂在房椽上，摆上供品，烧香磕头，直到农历二月初二，再将“喜利妈妈”拢在一起，用纸包好，放回原处。这一行事，带有结绳记事的遗意，是家族繁衍的标记，是锡伯族没有文字时代的家谱。

有了文字以后，家谱代替了“喜利妈妈”的作用，而“喜利妈妈”则被锡伯族视为保佑子孙后代的神灵而保存下来。制作“喜利妈妈”所用的东西，要到本村人口多、辈数全的家户去找，并邀请家族中年纪最大、子孙满堂的人来制作。立“喜利妈妈”，要举行隆重的仪式，杀猪宰羊，请全族人参加祭祀仪式并设酒席款待。现在供奉“喜利妈妈”的现象正日渐减少。

“喜利妈妈”反映了一个古老民族祈求人丁兴旺、战胜自然、生生不息的美好愿望，渐渐成为锡伯民族祈求人丁兴旺的图腾标志之一。

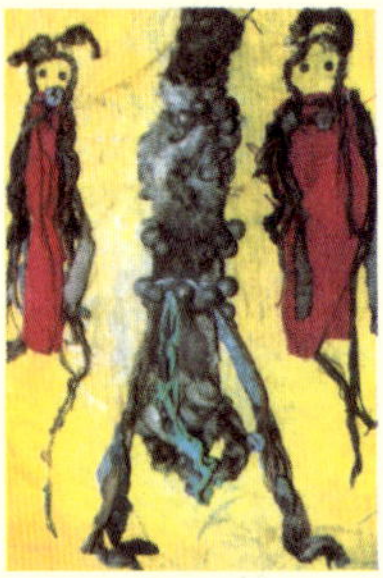

▲

锡伯族供奉——神鹰

▲

锡伯族供奉祖先神偶

海尔堪玛法

“海尔堪玛法”是锡伯族保护牲畜之男祖宗。“海尔堪”指一种神灵，“玛法”是锡伯语“祖宗”的意思。还有一种说法，说“海尔堪玛法”是保佑六畜兴旺的神灵，因而又叫“马神”。

海尔堪画像 ▶

在古代，牲畜在锡伯族生活中占有重要的地位，他们世代关心牲畜的安全和繁殖，专门供有保护牲畜的神——“海尔堪玛法”。“海尔堪”的神位供在西屋外的西墙上，那里钉有木板一块，上放香炉，墙内掏洞里面有木盒子，木盒里有一块布，布上画着男性坐像，也有木雕的“海尔堪玛法”神像，即这一家的男祖宗。因为，男性经常在外放牧、狩猎，因而将其神位供在室外。逢年过节，叩头礼拜，主人把自己心爱的骏马献给祖先，并且要专门举行献马仪式。即在所献骏马的马尾上系羽毛或红布条，将马拴在“海尔堪玛法”神像前时，由萨满唱起赞歌，赞扬马神的功绩。最后，由萨满代替主人向马神祈祷歌唱：

……

请你收下吧，这匹马名叫“追风”，
跑得稳，脚步轻，快得叫人都吃惊。
你刚掖上后衣襟，它已驰过九重岭，
你刚掖上前衣襟，它已跨过九重峰。
离弦的箭没有它快，
它比高空的雄鹰还勇猛。
在咱们这个大草原里，
除了它自己的尾巴，一切都被它落下；
除了它自己的影子，什么都跟不上它的脚踪。

……

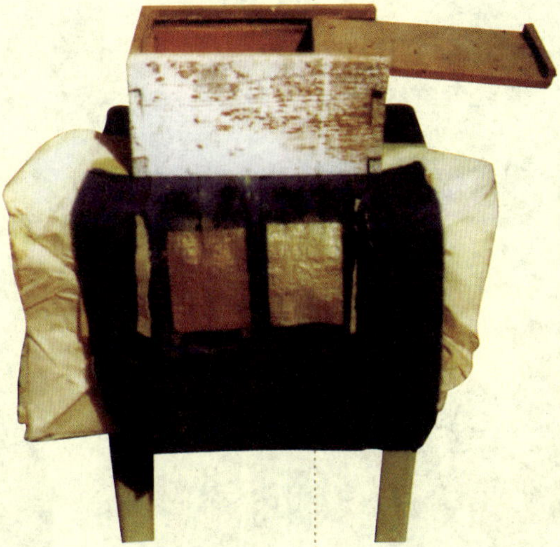

▲ 锡伯族供奉

唱完之后，萨满端起一碗米酒，给马灌下。此后，这匹马被称为“神马”。“神马”不干活，不剪鬃，不修尾，用好料饲养，除主人外，别人不能骑用。

知识链接 **祖先神灵** 锡伯族崇拜的数十种祖先神灵中，大多数为男祖先神，有“布尔堪巴克西玛法”“顾兴阿玛法”“达玛法”“阿里玛法”“萨满玛法”“海尔堪玛法”等。也有十几种女祖先神，她们是“伊散珠妈妈”“依兰恩杜里格格”（三位神姐）、“吉朗阿妈妈”“墨尔根妈妈”“苏鲁妈妈”“喜利妈妈”“肫依妈妈”“玛法妈妈”等。其中影响最深的女祖先是“喜利妈妈”，男祖先则是“海尔堪玛法”。

第六章 宗教信仰

锡伯族的宗教信仰随着长期迁徙流动和生活环境的不断变化而极其复杂。从自然到神人合一的信仰演变，反映了锡伯民族初始时期，从对大自然图腾的膜拜，转为对战胜自然的人格化的神的顶礼的进步，寄托着他们渴望征服自然的幻想。透过信仰本身，总会触摸到绵绵延续的锡伯族历史脉息……

萨满教

萨满教是一种古老的原始宗教，它在世界上的覆盖面积很广，欧亚北部和西伯利亚是它流传的主要地区。我国北方少数民族，大部分信奉萨满教。萨满教有一个共同的思想基础，这就是万物有灵论。从自然崇拜开始，发展到图腾崇拜，最后又发展到祖先崇拜。它既没有庙堂之设，也没有成文经典。但是，它曾经在锡伯族先民中产生过巨大影响。据传，锡伯族先民早在16世纪以前就已经接受了萨满教。那时候，锡伯族萨满既能役使鬼魔，为人治病；又能占卜凶吉，预言未来。因此，锡伯族先民把萨满巫师看作是神灵的化身，古代著名的女萨满“伊散珠妈妈”堪称是锡伯族萨满教的始祖。

锡伯族萨满

西迁新疆的锡伯族二百多年来，置身在突厥语族诸民族的文化氛围之中，与新疆地区其他少数民族相比，锡伯人的差异感是明显的。锡伯族把自己居住的八个牛录当作自己的家园，在这个家园里传承着一种有着自己独特性质的文化现象和文化心理。萨满活动是锡伯族传统文化现象的一部分。出于对祖先的怀念，使得锡伯族的祖先意识和民族传统有着十分重要的象征意义，它们作为民族自我认同的依据，是人们的精神支柱。

知识链接 **萨满教** 形成于母系社会末期和父系社会初期，所以锡伯族萨满有男有女。男者为觋，女者为巫。觋的祖师爷是“布尔堪巴克什”，巫的祖师母为“伊散珠妈妈”。

萨满

锡伯族萨满教“跳神”作法的巫师，通过跳舞、唱歌、击鼓、耍神矛（跳神），以使人们确信其在唤神驱魔，与超自然界沟通。萨满的重要职司是驱魔治病，保护人畜平安。不是任何人都可随意成为萨满。要成为萨满，须有掌握萨满技能的禀赋天资，并有一定的征兆。一般为心绪怪异、神经敏感者。这种人被认为神灵附体，只有发誓“行萨满之道”方可痊愈。初当萨满，要拜老萨满为师、熟记祭神祷词，掌握氏族祖神及世代萨满的名字，完成领神、授神仪式。最后，在众目睽睽之下通过攀刀梯的大关，成为得到神灵和族人认可的萨满。凡攀刀梯成功者，称为“伊勒图萨满”。“伊勒图”为“明显”“公开”之意。这种萨满能通达众多神灵，因而“法力”广大，声望很高。未经攀刀梯或攀刀梯失败者，称为“布图萨满”。“布图”意为“模糊”“不明显”，即未能得到人们共同认可的一般萨满，其通达的神灵甚少，“法力”有限，声望较低。

萨满神鼓

锡伯族萨满，早期从属于“哈拉莫昆”，具有血缘的性质。在本氏族内进行宗教活动，若本氏族内无萨满，可拜外氏族老萨满为师。后来，萨满人数日渐减少，每牛录只剩一两个，其宗教活动遂不再受家族范围的限制。20世纪三四十年代，察布查尔一、三、四牛录所剩萨满只有伊里善、额尔根扎甫的祖父、南金保的曾祖父等几人，他们都是有名的“伊勒图”萨满。后来的萨满

萨满在念“耶歌”（即念诵神词）

以男性为主，但人们还是普遍认为，女萨满较之男萨满更有本领。每一萨满都有其主要神灵，但所有锡伯萨满的鼻祖，则是“伊散珠妈妈”。

萨满服饰

萨满文化主要表现形式是萨满祭祀，祭祀必“烧香”，“烧香”即“跳神”。萨满“跳神”的时候，头戴配有铜铃的神帽，帽子前面中央处有一块铜镜，叫照妖镜；后面中央处有两根飘带；胸前垂一面小铜镜，叫护心镜；腰围神裙，神裙上面有12条飘带，每条飘带都绣有各种图案。在飘带外面还围着圆形布条裙子，腰系大小不等的13块铜镜，手持“依木钦”神鼓，随着激扬有力的鼓点翩翩起舞。头上的铜铃，腰上的铜镜，随着舞蹈的动作，发出有节奏的碰撞声。他越跳越兴奋，握紧神矛连续猛刺，嘴里发出“哈嘎！哈嘎”的喊声。对于萨满“跳神”，中外专家学者都认为这是古朴的宗教信仰，原始的民族文化。

萨满神帽 ▶

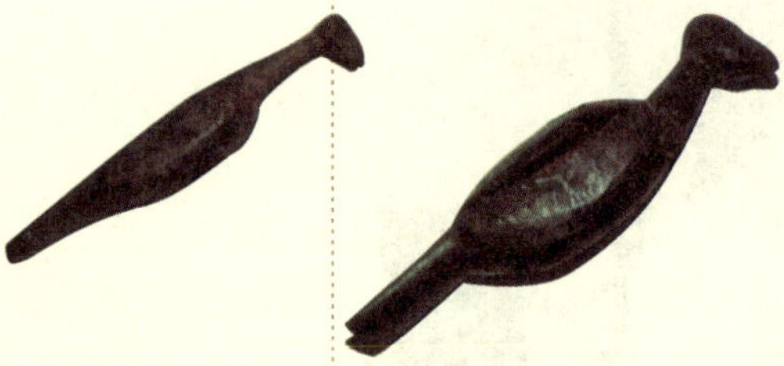

▲

萨满供奉的神鹰

像许多民族一样，萨满教在锡伯族许多人看来已经成为“过去”的代名词，它作为过去生活的记忆，保存在老年人的口碑里。

萨满资格——上刀梯仪式

上刀梯仪式，锡伯族叫“察库兰”。它主要是锡伯族萨满的领神仪式，或说是萨满的资格考试。锡伯族中上刀梯仪式是决定“布图”萨满成为“伊勒图”萨满的关键考验，这是一种严峻、艰难的考试，过了这一关萨满才能通达上界神灵，是法力高强神灵的使者。“察库尔”在锡伯语里是桦树的意思。仪式里要利用树、绳布置一个萨满活动场。可以说，刀梯应该是宇宙树的变体，绳子是灵魂通道的象征，这在世界萨满教象征中都是很典型的东西。

准备 上刀梯仪式一般在20天前就开始进行准备。先是在上

上刀梯的萨满

刀梯者家的院子四角立4根木桩，用绳子将它们连上，形成一座四方的仪式场地，绳子上悬挂各种颜色的布条和纸条以及弓箭等物，木桩上插一些羽毛。这样一来，此院就是一个神圣的场地，任何邪祟休想介入。同时也提醒人们不要随意进入，以免犯禁。除了避邪，它还向外人表明该家将有人举行“察库尔”的领神仪式了，起到传播消息，召集村民的作用。

直到举行仪式的前7天，人们便开始在圈好的场地中央架设刀梯。竖立起两根高近10米、碗口粗细的、笔直的木椽子，并在两根立杆上各缠红、绿布两块，二者东西向立，间隔约两尺。将锋利的铡刀刃部向上，将刀柄一级一级地横绑于两根椽子上，每级的间距约一尺。铡刀绑法很安全，如果第一把铡刀的刀尖向左，刀把向右，第二把则正好相反，其余依次变换。每把刀上都要包一张黄表纸。刀梯最高一级上边要绑一横木杆，上刀梯者到达顶端后做扶手用。刀梯的级数根据上刀梯者的具体情况而定，一般为25级，最多49级，少者为17级。在紧靠刀梯的北面，要挖一个长约3米、宽约5米、深约1米的方坑，坑内装满麦草，上铺毡子，并在离地面两寸高处拉上粗麻绳网一张，供上刀梯者下落时使用。

萨满画

刀梯必须由上刀梯者的亲人来制作。刀梯一旦架成，本家族的亲人必须日夜轮流守护，以防仇敌暗算。据说只要将狗血涂抹到刀梯上，上刀梯者就不会有生命危险。

举行仪式 上刀梯是在夜晚进行。院子里到处点着明亮的油灯，如同白昼。人们几乎是倾村出动前来观看，但产妇、有经期者及戴孝者则被禁止前往。邻近村里的萨满都应邀前来观看，本家亲属一并助场。

仪式开始前，上刀梯者家人要将公山羊和公牛牵至现场，并在刀梯东北方向几米处烧油锅一口，刀梯前面放一高桌，桌上烧香并供食品。

仪式开始时，一只公山羊、一头公牛被拉入场地，置在一旁。手握神矛的萨满师傅将上刀梯的徒弟领入，一对手持皮鼓的青年陪入场内，萨满徒弟头戴萨满神帽，光着双脚，站在一边。这时老萨满念经请神，大意是称赞上刀梯者血液如何纯洁，为人如何忠厚，本领如何高强，对神灵真心实意，求神灵保佑他顺利进入萨满世界与上界神灵交往，希望能允许他成为“伊勒图”萨满。萨满唱神歌时，突然兴奋，“哈嘎”一声，用神矛刺向山羊，羊血喷泻而出，徒弟弯腰饮血一口，来到刀梯下，面南背北，抓住刀梯两椽，运足气力，小心翼翼赤脚踩刀阶，向上而攀。

手持皮鼓者敲起强劲的鼓点为攀梯者壮胆，老萨满急舞、呐喊为徒弟助威，或不断念经，请求神灵保佑。如若攀者犹疑不勇，老萨满发狂般的将烈酒上泼，甚至向他抛杯，令其不懈。到达刀梯顶端后，登梯者双足立于最高一层的刀刃上，双手扶着上面的横杆，面南而立。这时老萨满大声问他：“向南看到了什么？”回答

▲

萨满舞

道“伊散珠妈妈依波耶”（意为女始祖萨满的形体）；问：“向东看到了什么?”回答道“义巴罕”（意为妖怪）；问：“向西看到了什么?”回答道“富其和”（意为佛祖）；唯独不问他向北看到了什么，并一再提醒不能回头向北看，按照锡伯族萨满的说法，北方是阴间世界，回头朝后会头晕，出危险。

如此一一对答后，徒弟稍事稳神定气。这时老萨满令其背北仰面从刀梯的顶上落到地上，若徒弟迟疑，他便厉声逼迫，促其放杆后仰，掉在事先张好的网上。由于网底垫有一米多厚的麦草，因此一般不致摔伤，但也有人昏厥过去。于是便由两名男性亲属用网将其裹住扶入挂有神像的屋内，放到铺在地上的褥子上。上刀梯者休息片刻之后便苏醒过来，随即去院中在滚烫的油锅中捞取炸熟的油饼，分给前来观看的人们。家人要在当晚将20天前挂于房屋四周的布条、纸条取下放在牛背上驮至村外烧掉，并将那头牛送给老萨满。这时，老萨满就将事先准备好的一枚

“尼亚门托里”（护心镜）取出，在盛山羊血的盘中浸一下交给上刀梯成功者。这个动作，锡伯族萨满称之为“托里雪尔维”，意为“镜浸”。而上刀梯者得到这枚护心镜，便取得了“伊勒图萨满”的称号，可独立地从事仪式活动了。

锡伯族的刀梯有立式的、卧式的。爬立式刀梯的萨满也叫“骑马萨满”；卧式的，萨满在离地一米左右的卧式刀梯上踩着走，这种萨满叫“徒步萨满”。所以大萨满叫“伊勒图萨满”或“骑马萨满”。

▲

《萨满邀神求神告神之神歌》书影

萨满神歌

萨满口碑主要来自两类人，一是萨满家族成员。这是某些萨满后代讲述的家史，很多人利用它来说明自己之所以当某一类萨满的根据；二是某些亲身经历过萨满治病，听前辈讲过萨满故事的人。这些人属于比较积极的文化传播者，他们的讲述多带有消遣性，没有什么信仰方面的实用意义。

锡伯族的历史文化传统和遗物也通过萨满教给予某种保存。锡伯族的《萨满神歌》现保存在爱新舍里镇依拉齐牛录南金保家中。该书是他的曾祖父尔喜萨满于光绪十年（1884）十一月手抄的。尔喜萨满生于同治五年（1866），卒年不详。他18岁开始学萨满，培养过一牛录帕萨满（1956年去世），而帕萨满又培养了一牛录著名的女萨满——“赫赫萨满”（1976年去世）。《萨满神歌》很早以前就为人所知，但是除保存者外，谁都没见过原迹。因为尔喜萨满的后代一直恪守其祖辈“不可轻易传人”之遗训。南金保的父亲去世后才渐渐面世。

《萨满邀神求神告神之神歌》正文 ▶

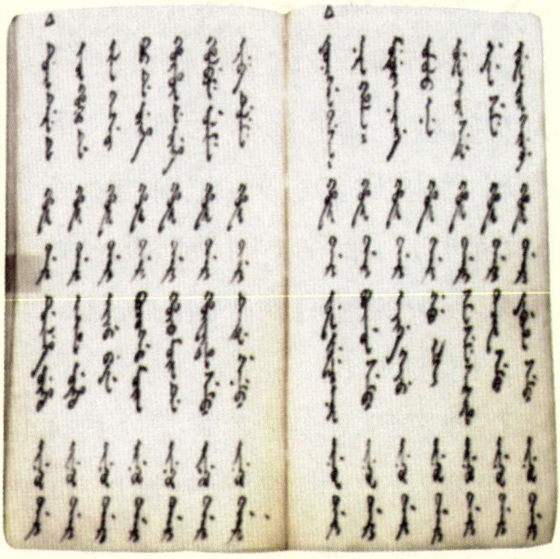

《萨满神歌》是一部极为珍贵的资料，对研究萨满教的起源、发展以及研究锡伯族萨满仪式内容和萨满文化等都具有很高的参考价值。它对锡伯族古代历史的研究，也有不可忽视的参考

价值。

举行萨满仪式时，伴有萨满跳神歌。她对萨满来说是神歌，是祷词，是超自然的，是巫术的内容之一。对民众来说，是民歌，它的作用是娱乐的。古老的萨满神歌之所以流传到今天，原因之一就在这里。

萨满歌是先于文字产生的，这是一种诗的语言，是适合于集体仪式的，富于节奏的语言。人们唱歌时，伴以各种舞步动作，它的作用是巫术的，企图用幻象来影响现实。过去，锡伯人每当在田间集体劳作，随着劳作的节奏，也唱萨满歌。

萨满铜镜

锡伯族萨满教活动中的跳神舞，它的动作形象鲜明，气氛热烈粗犷，跳神舞的每一个细小动作中不仅包含着深沉的情绪与内在的钢硬气质，而且惟妙惟肖地把驱逐妖魔鬼怪的种种形态生动地展现了出来。在锡伯族萨满的跳神舞当中，有几种舞蹈动作是反复出现的，比如模仿猎人追逐猎物的动作和与妖魔鬼怪拼杀的动作，这都与锡伯族古代先民活动于大兴安岭及呼伦贝尔草原一带的狩猎生活有密切关系。

萨满神位虽然是萨满立身的主要标志，但是，锡伯族萨满神灵的传承仍然靠血统来传承，是已故的家中前辈萨满传给自己的后代。一般人把神位信仰和尊重祖先的情感混同在一起，对祖先的深厚感情要通过拜供神位来表达。而对祖先的怀念，对东北故土的意识，是锡伯族最浓重的民族心理之一。从一定程度上说，锡伯族当今的萨满文化传统常常借助怀念祖先的民族心理而得以复活。

萨满服饰

额尔其

“额尔其”为锡伯族巫师一种，专司作法治病。领神途径不像萨满那样严格，不上刀梯，不穿神衣，不“跳神”，也不使用很多法器。作法时，唱咒词和祷歌。“额尔其”信奉“玛法妈妈”，这是一位专门司掌痘疹和幼儿命运的女神。以往，锡伯族地区天花、麻疹流行频繁，儿童时常夭折。人们认为，此乃对“玛法妈妈”不敬所致，而“额尔其”的职司即是祈求“玛法妈妈”慈悲为怀，保佑子孙平安。锡伯族每一牛录都有“玛法妈妈”庙，小孩出天花、麻疹时，家

玛法 ▶

人定请“额尔其”到该庙或自己家中祈之，驱瘟祛病。“额尔其”祈神时神态虔诚、替人们忏悔，作法时所唱咒词、祷歌也很悲哀，以求得神之怜悯，驱走妖魔，使孩子摆脱疾患。“额尔其”平时常被邀至家中进行治病活动。瘟疫蔓延，引起村民惶恐时，“额尔其”便组织和主持全牛录声势浩大的“送神”仪式。

▲

萨满铜镜

知识链接

道其 锡伯族巫师一种。专司为神经错乱者驱鬼治病。锡伯族萨满认定，人患神经病是妖魔作祟所致，须经他们施以法术、驱走妖魔方能除病。其施法驱魔的主要手段是唱神歌，此外，尚有挥舞神鞭和铃铛，对附于患者之身的妖魔进行威胁、恫吓、讽刺、辱骂，令妖魔不得安宁，悄然离去，从而使患者痊愈。

相通 锡伯族巫师一种，均为女性，是专门驱逐“惹狐仙之病”的巫师。每个锡伯人家的库房“哈斯博”，西面墙壁钉一龛板，上面供奉狐狸，敬称为“哈斯博额爷”。锡伯族一般忌讳直呼狐狸。如今，随着时代的发展，这些带有迷信色彩的活动已逐渐成为历史。

藏传佛教

关于锡伯族早期信仰藏传佛教的资料记载很少，目前只有辽宁省沈阳市锡伯家庙的藏传佛教。康熙年间，锡伯族从嫩江、齐齐哈尔、伯都讷等地南迁到盛京以后，于康熙四十六年（1707）自筹资金修建了寺庙——锡伯家庙。此建筑规模宏伟，内供有诸佛尊。藏有康熙年间所请之《大宝积经》《华严经》《第二大般若经》《律师戒经》等经文。

在锡伯家庙内，每年正月初八至正月十五日，农历四月初八至四月十五日，要举行庙会。届时，众喇嘛身披袈裟，颈挂佛珠，手持香火，辇载法轮寺释迦牟尼铜像，命两男童扶持，经小北门、中街，来到锡伯家庙。一路上，像辇在前，众佛在后，路人见之，即跪叩相送。正月初九至十日念经。农历六月十五日到八月初一日，不出庙门，举行念经活动。念完一部《甘珠尔经》，听者捐钱。每日午时还要举行锡伯家庙之典。逢年过节，人们来到锡伯家庙，听喇嘛诵佛念经。

靖远寺大门

锡伯族迁到新疆以后，到乾隆后期，伊犁四营相继修建了镇远寺、圣佑寺、普化寺、康远寺、积福寺、靖远寺等9座寺庙。其中建于乾隆四十五年（1780）的靖远寺就是锡伯营寺庙，位于今察布查尔锡伯自治县境内的新疆生产建设兵团农四师六十八团医院驻址。这里是五牛录第一次建乡之地。寺内住有大小喇嘛51名，香火长年不断。锡伯营总管档房专为寺庙拨出400亩良田，作为香火费用。藏传佛教对西迁锡伯族的政治、社会生活产生很大影响，成为神权的代表。上至锡伯营总管，下至牛录章京的文武官弁都对其虔诚虔敬，重大事宜的讨论都有喇嘛参与。历史上曾经有一段时间因为观念的改变和戍边活动的频繁，

▲

靖远寺
三世佛殿

▲

靖远寺
大钟

佛事活动逐渐冷淡下来。但到了19世纪80年代，由于长期战乱和天灾病疫，锡伯族的宗教观念又浓烈起来。后来察布查尔大渠竣工，五牛录迁至新址后，又重新修建了巍峨壮观的靖远寺。其后一段时间庙宇内信徒如云，远近汇集，香火旺盛，寺内曾储藏《甘珠尔》《阿里亚》等经文160余卷。寺内常有30余名喇嘛除诵经、办理香火事宜外，还经常出诊，深入民间治病，博采本地草药，土方配制，故民间有“喇嘛医”“喇嘛药”之称。锡伯族婚丧之事必请喇嘛念经，祝福吉祥，超度亡灵。每年农事的不同季节里均请喇嘛念经或在靖远寺举行大规模的诵经活动。

清朝初期，由于朝廷鼓励信仰藏传佛教，加大了藏传佛教在锡伯族双重宗教信仰中的比重，但萨满教始终没有退出历史舞台，出现了同存共处现象。由于同存共处，锡伯族萨满教也接受了藏传佛教的不少成分。例如萨满教神灵之一：“布尔堪巴克西”就是佛；萨满向众神灵祈祷时，也向“众佛”和“八座神庙”祝祷。萨满教也承认藏传佛教的阴阳思想，后来竟以此为据，解释病人的病情。锡伯族民间传闻，萨满只能通管阳间而不能通管阴间，喇嘛则阴阳间的事都能通管，所以萨满家办婚丧都要请喇嘛主持仪式，念经消灾。过去，家中如果有人过世死去，要请萨满“跳神”，以慰藉亡灵，后来都改请喇嘛念经超度。甚

靖远寺佛教故事绘画

至萨满去世也不请萨满“跳神”慰灵，而是请喇嘛念经，引其灵魂升天。但喇嘛圆寂并不请萨满“跳神”。这样，萨满不得不承认，喇嘛的本领比自己高强。锡伯族萨满教和藏传佛教之间并未发生如蒙古族萨满教和藏传佛教之间生死搏斗的现象。锡伯族的萨满教吸收了一些藏传佛教中进步的元素；而藏传佛教同时也接受了一些萨满教的元素，如送祟仪式、送祟用品等。藏传佛教和萨满教同存共处，成为锡伯族宗教的特征之一。

知识链接 **锡伯族信仰喇嘛教的活动** 1. 供奉 2. 开光 3. 顺星 4. 嘛呢会 5. 念会经 6. 送“面鬼” 7. 转堡子

由于信仰多神，锡伯族的宗教观念也比较淡薄。随着社会的变革，时代的进步，科技的发展，锡伯族的宗教信仰正渐渐变为历史的陈迹了。

锡伯族供奉——祖先神像

多元崇拜

祖先崇拜

锡伯族对祖先极为崇敬，不论举行何种习俗活动，都将其与祖先崇拜相联系。他们确信，祖先的灵魂已在上界成为神灵。在萨满神图中，祖先的灵魂占有一定的地位。锡伯族普遍供奉的“喜利妈妈”和“海尔堪玛法”，即是由祖先崇拜演化而成的神，如前者即为保佑子孙之神。新疆地区的锡伯人为造福于民的图伯

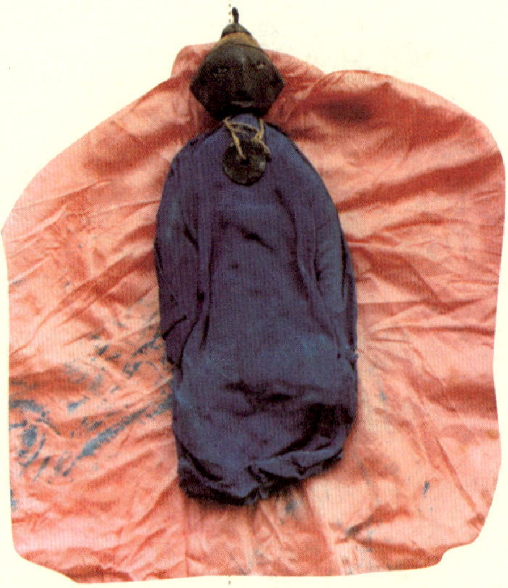

▲

锡伯族供奉——祖先神偶

特修建庙宇，加以供奉，亦为祖先崇拜之例。锡伯人的家谱（以氏族为单位举行庄严的仪式，按一定格式，将每一男成员之名恭敬地书写于绸缎上），因有祖先名字而视之为圣物装入木盒，推举辈分高的族人，精心保管，平时不得启用。非用不可时，由辈分高的“家谱爷爷”洗手净身、烧香磕头后，方可用之。每逢春节，本“哈拉”老少相聚在“家谱爷爷”家，将写有祖先名字的绸缎挂起，向祖先朝拜祭祀。每年大、小清明节时，锡伯各家族进行集体扫墓，祭祀祖先。凡遇红白喜事，每逢过节，都隆重祭祖，以求祖灵安宁。锡伯人认为，农牧业丰收、办事顺遂、娶亲添子等，都是祖灵赐福的结果。每一个锡伯人的心目中，都有祖灵的无形牌位，对祖灵的供奉极为虔敬。

火崇拜

对火的崇拜是锡伯族古老信仰遗俗。锡伯人认为，火具有超自然之神力，能驱除妖魔，保佑人民平安。所以，视火为神，加以崇拜。举办婚礼，敬奉火神的仪式必不可少。仪式程序为：在厨房灶口点起火堆，一对新人在灶前左右相视而跪，取一方白布，各持两角展开。迎亲娘站立一旁端一小盘切成块状的羊尾巴油。喇嘛在堂屋念经，不时发出命令，由站在隔墙门旁的“迎亲爹”传达。每传一道令，“迎亲娘”便用筷子夹一块羊油放在白布上。新郎、新娘一同将羊油倒在火堆上，使火烧得更旺。如此反复数次，意为在神前立下海誓山盟，祈求火神保佑新人白头偕老。

锡伯人在迎接新娘或送葬归来之时，都从火堆上跃过，旨在求得火神保佑，避免妖魔侵害，幼儿患病，须请巫婆在入夜时分“点灯笼”（一种巫术，即糊一直径为6寸许、高约7寸的纸筒立燃，观测纸筒里的光亮，念通咒语），相信“灯笼”里的火光能映出病因，从而进行相应治疗。谁若长了疖子，家人便拿木梳往炕头席上用力摩擦，然后贴在疖子上，口中念念有词，反复数次。摩擦木梳是钻木取火的象征动作，旨在借助火的神力驱除病魔。锡伯人孝敬祖先，每逢过年，给祖先写信以表敬仰，书信要用火焚之，求火神转送冥世的祖先。

对狐狸的崇拜

锡伯人认为，狐狸具有超人的智慧和灵敏度，无论谁惹它或害它，都会受其报复，轻则身患不治之症，重则送命，故锡伯人自古禁猎狐狸。在民间，关于狐狸报复人的传说也很多。如果有人无意中猎获狐狸，而捕获者或直系亲属中的某人突然得重病，就会认为是狐狸的精灵在作怪，小则杀羊，大则宰牛，举行谢罪仪式。并把狐狸的遗骨或皮毛按葬人的形式土葬。过去各家各户都在库房的西墙设有祭供狐狸精灵的龛板，上置香炉和符书，内有供奉狐狸的言辞。每当家里有人得病，先给它烧香磕头。至今，锡伯人仍忌讳直言狐狸，而称“哈什包依扎卡”，意为库房的东西。

狐仙太爷像

对动物神灵的崇拜

在锡伯族著名的萨满神本《祈告、祝赞、祷告神歌》中，前后记载了十余种动物神灵，它们都是锡伯族萨满供奉的副神（每一位萨满都供奉一个正神，从现有的资料看，多数萨满供过鹰神和雕神），在萨满遇到危险和难题时，就呼唤它们，以求帮助。它们是：虎神“塔斯胡里”（这里又分为雌雄两种）、狼神“尼胡里”、金钱豹神“雅尔哈”、野猪神“爱杜罕”、骆驼神“沙尔旦驼”、蟒神“扎宾”、龙神“穆舒鲁”、雕神“岱木林”、鹰神“安初兰”、木臣鱼神、黄鱼神、野马神等。

萨满保护神——虎神

锡伯人虽然供奉上述各种动物灵神，但直到今天，没有发现关于上述诸神与锡伯族有何渊源关系的神话传说，然而上述某些神灵却有作为各个氏族标志的痕迹。例如，过去某一“哈拉”都有一个萨满，而每一位萨满供奉的神灵都不一样，而且都以动物为标志。在这里，每一位“哈拉”萨满都有把自己“哈拉”的图腾标志树为自己保护神的可能。

天崇拜及其祭祀

锡伯人认为上天赋予人的属性，民间谚语说：“苍天有眼”“天眼尖、天耳长”。认为人间的祸福、盛衰均由天来决定，任何人违抗不了天命。天会惩恶扬善，并为善者（冤死者）申冤报仇。

锡伯族供奉——铜佛

锡伯人认为天神“阿布卡恩杜里”存在，并对天神有一套完整的祭祀仪式。在举行婚礼时，首先举行祭天仪式：家主及巫师指点，到羊群中选一只“天神愿意接受”的肥公羊，系红绳牵回家，到家门口举行入门仪式，给土地神点香烧钱、跪拜磕头。羊牵进住房西屋供桌前，家主面对祖先画像说明祭天缘由，求其庇佑。用洁净的棉花蘸以清水或酒，在羊身上轻轻擦拭，然后用刀将羊下巴颏至肚心处划开。须臾，羊昏昏欲死，四脚朝天（称“晒身”）。只有这样，才认为天神接受了牲羊。接着，剥皮下锅，羊心、羊肝、羊头等扔到房顶上（示为羊已升天）。待羊肉煮熟后，选完整的后腿放在供桌上，以示让先祖享用。

另外，锡伯人认为西天为贵，起誓、打赌均指西天跪拜，示请西天作证。受冤枉者往往写“状子”指向西天烧化，并把自己的冤枉事如实述说给“天神”听，其意为“告天”。看天兆的人都望西天寻找自己的依据。

地崇拜及其祭祀

据分析，锡伯人的祭地活动和农业生产有直接关系。其仪式是：每年春耕前，各家各户都选一头肥猪，牵到设在后院的祭坛上，浇的清水以示“沐浴”，家族长辈亲手点香，在猪身上晃三下，跪向西天念祝词，以求地神和天神赐给丰年，确保五谷丰登。然后杀猪，猪血洒在地上，鬃毛埋在土里。如果祭祀的当天或隔一天下雨，兆示着丰年，再把猪头煮到半生不熟时放到供桌上，过三天后再吃。如果刮大风，意味着灾年，再到祈年树下去祭祀地神和天神，以求消灾赐福。另外，在选地盖房前或开垦新地时，还要举行特殊的祭地仪式。

从上述仪式来看，锡伯人祭天地，主要出于求福祈祥的心理，并给天地以无限的生命力。从祭地仪式来看，当时的锡伯人已经认识到生灵的存亡与大地的联系，把人类的生存寄予大地。

灶神像

此外，祭天、祭地同时进行的现象来看，说明他们初步认识到天地之间的关系，即地上种的粮食或自生物，还需要苍天降雨滋润，并且保佑不受各种天灾的侵害。

星辰崇拜

锡伯族供奉——祖宗楼

在崇拜无生命特征事物方面，星辰崇拜具有代表性。锡伯族祭星，其意有二：一是和方向有关，二是和生育有联系。

在锡伯族自然信仰与崇拜观念中，天崇拜及其各种祭祀行为，反映了其自然崇拜的核心观念。在其天崇拜观念中，将太阳、月亮和星辰纳入了神化范畴，有时其中之一便可代表天，天又可以代表太阳、月亮和星辰。人们每天观测天空、太阳、月亮和星辰景象，观察天象的变化，并将自己命运与天象联系起来。认为人间的祸福、盛衰均由天定，天会惩恶彰善，为善者（冤者）申冤雪恨。

锡伯人认为，月亮为天之母（以夜间为主），星辰是母之子，天作为一个子孙满堂的世界，其生活也和人间一样。人们生儿育女，认为都是星辰的化身。民间往往将为民众做好事和谋利益的清官贤士称为“救星”，把为害民众的恶棍称为“恶星”。每当发生月食，就认为是天狗吞下月亮，为了让它吐出月亮，人们在惊慌之中拿起响声大的器物敲打，其意为吓唬天狗尽快吐出月亮。每年八月十五，各户都拿出最大最圆的西瓜、甜瓜以及月饼供月，以示让月神食用。

锡伯族供奉——铜佛

锡伯人还将人的寿命终结与星辰联系在一起。认为星体落入天空，必定有人出世；星辰坠落谁的屋顶之上，谁家就可能死人，或者该方向的某一家要遭难。锡伯人忌讳数星星，认为数星星带来不利。如果白天见到星星，将会降临莫大的灾难。

锡伯人将北斗星作为辨别方向的星体。古代，人们进山狩猎，夜里便靠其辨别方向，久而久之，形成了对它的崇拜及其祭祀仪式。每年阴历十二月二十七日，选一肥公羊，用清水擦拭“沐浴”后宰杀，祭于供桌前。又在西屋靠西墙置一小炕桌当供桌，桌上点七根蜡烛，按当季北斗星的位置排好，家主携全家向其跪拜，并把事先削好之七根木桩按北斗星位置钉于西北墙角，再把七根蜡烛分别置于七根木桩上。当晚把煮好的羊后腿供一夜。

门神崇拜

门神，锡伯语称“杜卡依恩杜里”，他是象征保家卫乡、拦魔驱鬼的神灵。就一个牛录来说，对此神灵也有祭祀活动，平常在牛录北大门上面塑有佛模样的像（并非最初的形象），象征镇守大门。就一个家庭来说，每家每户的大门旁都贴有他的画像。锡伯族的门神和汉族的门前镇兽有同样的意义，只是一个似人的形象，一个是野兽的形象罢了。从门神的作用和形象来讲，他是父系社会锡伯族开始定居生活以后才产生的神灵，从某种意义上讲，它也是私有财产的保护神。

◀ 关帝像

路神和山神（亦称引路神）崇拜

一般与土地神一起供立。每当人们进山狩猎或砍柴伐木，都在山口设坛祭山神，以求保佑。路神，锡伯语称“卓衮恩杜里”，他在夜间专门为人们引路指方向。他们的产生年代应比门神的年代久远。路神也许是锡伯族大迁徙时期产生的神灵。山神的产生年代比上述两神的产生年代更远，他应是山林文化阶段产生的神灵。

▲

锡伯族供奉

河神和鱼神崇拜

河神，锡伯语称“罗尊汗”。相传他是一位孤独的老人，世居在“妹妹河”（嫩江）畔，捕鱼为生。后来为异族所迫，投江自尽。以后，锡伯人同异族部队水战时，他常常显灵帮助锡伯人打胜仗。因此，人们把他当成河神，世代供奉之。锡伯人的鱼神有自己的形象，是用木头刻成鱼的形象。过去，每年春、秋两季下河捕鱼之前，要举行隆重的祭网（祭鱼神）仪式，祈求丰收。从河神和鱼神的功能、形象来分析，他们是锡伯族由大兴安岭南迁至嫩江流域，开始大量接触渔猎生产文化以后出现的神灵。其实，他们的职能都是保佑渔猎丰收，只是其形象一个是人，另一个是鱼罢了。

▲ 打猎 ▼

猎神崇拜

猎神，锡伯语称“班达玛法”，他是猎人供奉的神灵。每当猎人出猎之前，举行祭祀仪式。据老人们回忆，猎神是由兽皮制成，形状似狗，平常和猎具挂在一起，出猎时随身携带。毫无疑问，猎神是锡伯族处于山林文化时期产生的较原始的神灵。如果除去他的功能，应是图腾崇拜的产物。当人们认清自己的真正渊源，即祖先崇拜占据信仰心理的主要位置后，人们已经放弃自己与某种动植物有渊源关系的认识，使神灵功能产生了转化，“班达玛法”也就成了保佑狩猎丰收的神灵了，后来又成为祖先神之一。

树神（树木）崇拜

原始信仰遗俗。锡伯人视年代久远、叶茂枝壮的大树为神树，并加以崇拜，对长在野地的高大孤树尤为敬奉。认为它们是保佑自然和人间的神灵，保护着田野、庄稼和人们的生息。相传有一年，蝗虫从远处铺天盖地的向锡伯人驻地袭来，像乌云一样遮住了太阳。天地间一片昏暗，所有的庄稼即将毁于刹那之间。人们惊恐万状，哀声连连。恰在此时，一棵大树上所有的叶子突然变成数不清的“坎肩儿鸟”，像穿着灰白色铠甲的勇士，向乌云密布般的蝗虫出击，大获全胜，保住了庄稼。然后，又飞回枝头，变回叶片。锡伯族各牛录，对选定的一两棵苍翠茂盛的大树加以供奉。每年农历五月初五，人们携食物和布条等物到树下焚香祭祀，并将布条系于枝头，以示敬拜。锡伯人还把“坎肩儿鸟”视作神鸟，倍加珍爱。

此外，锡伯族亦视柳树和榆树为神树，进行崇拜。

在察布查尔锡伯自治县爱新舍里镇依拉齐牛录以北两公里处，有一棵硕大无比的榆树，相传锡伯族迁居察布查尔时就有此树。锡伯人叫它“文车热哈林，wecere hailan”，意为“祈年树”。

知识链接 祈年树，树干围约9米，树高约15米，树冠覆盖面积1亩左右，枝干上有火烧的痕迹，证明它经受过劫难。它独立于田野之中，苍劲挺拔，枝繁叶茂，郁郁葱葱。若攀登在树杈上，顿觉风声飒飒，劲爽清凉，令人心旷神怡。

二百多年前，锡伯族人从东北迁来时，这棵树仅有碗口粗。锡伯族谚语称“独树不能砍”，认为树的生命力强，成活率高，萌发性强，具有蒙昧的信仰心理的人们特意加以保护，禁止上树伐枝。每年端午节，牛录佐领邀集“萨克达”（意为德高望重的老人）和附近农民来树下聚会，祈望丰收。

锡伯族的树木崇拜，实际上是一种自然崇拜遗俗。新疆伊犁地区有不少民族同样也保留着这种崇拜树木的习俗，他们认为古树是有灵的，或是一种“风水树”，严禁乱砍滥伐。谁要是砍伐了“风水树”，就会遭到大自然的惩罚，独树更灵验。如果独树被砍伐了，草原会遭受灾难。人们常常在牧道遇见独树上系满各种颜色的布条，以示对树木的崇拜。

◀ 祈年树

锡伯族把柳树和自身的繁衍联系起来，供奉了柳树神——“佛多霍玛法，fodoho mafa”，视其为保佑降生之神灵。婴儿降生，以柳木制作吊床，用柳枝制作供木。婴儿夭折，以光滑的柳枝捆包，弃之野外。老人故去，在坟堆插柳枝，以示故人尽快转世回生。柳枝崇拜现象迄今犹存。

SHIBUYA

第七章 魅力文化

从打牲到农耕，从迁徙到戍边，锡伯族在长期的生产生活中，逐步形成了有别于周边其他民族的独特文化，千姿百态，异彩纷呈，凝聚着锡伯族的生活万象和世界大千，折射出这个民族的智慧之光。

锡伯族拥有本民族的语言和文字，拥有较丰富的锡伯族历史文献。锡伯族民间文学源远流长、内容丰富、形式多样，在锡伯族文学艺术中占据重要地位。

语言文字

锡伯语与锡伯文

锡伯族有自己的语言文字，它是传承本民族传统文化的主要载体和媒介。锡伯语属阿尔泰语系满——通古斯语族满语支，锡伯语同满语在语音、词法、句法、词汇诸方面基本相同或完全一致。锡伯语口语和书面语之间有一定差异，现代锡伯语口语有8个元音，28个辅音，弱化、脱落、颚化、唇化现象经常出现。说话时语速较快，词语的应用、语调、语气因地、因人而异，有一定的随意性。书面语的特点是，在语音上有元音和谐律，即相同元音出现同一词里和谐适应，且有重音。构词法属黏着语，动词除词根不变外，各种形态变化均可附加中缀或后缀。语法上语序是“SOV”型，即主——宾——谓。

文字属于拼音文字，有6个元音，24个辅音，10个拼写外来音的字母，形成规范的正音、正字规则。字母的组成部分有字头、齿牙、圈、点、字尾和方向不同的撇及连接字母的竖线。书写时，顺序从上到下，行款从左到右，同一个字母出现在不同位置上都有不同的字形，即独立、词首、词中、词尾四种不同形

锡伯语授课

态。新疆地区的锡伯族虽然几经战乱和迁徙，却将语言文字较为完整地保存下来了，并使之在原来满语的基础上有了进一步的发展和演变，创造了语言发展史中的一个奇迹。

在清代，察布查尔地区交通极为不便，长期封闭、独立。惠远城是伊犁将军驻地，是新疆地区当时的政治、经济、军事中心，锡伯营与之隔水相望，往来频繁。而且相距较近的满营、锡伯营、索伦营三营官兵都使用满语，公文的上呈下达和相互传递大都也是满文。因此，西迁的锡伯族依然生活在一个闭塞的满语言环境里，为锡伯语文的保存提供了有利条件。

▲

锡伯文小学课本

专家研究表明：西迁锡伯族的各项生产都以家庭为单位，是一种富足的自给自足的相对独立和封闭的经济单位。他们带去了内地先进的生产技术和生产工具，无论是生产关系，还是拥有的文化水平，都保持着明显的先进性，不受当地民族变化的影响。锡伯族历来重视文化教育，在清代不仅设有私塾，而且还有官办义学。这些因素，都对满文保存并发展成为锡伯文起到了决定性作用。

锡伯文是在满文的基础上进行改进而形成的一种竖向行款文字。1947年，锡伯族的有识之士对满文进行改进，创制锡伯文。新中国成立后，锡伯文得到平等、自由、长足的发展，出现了20世纪50年代和80年代这样两个发展时期。但在20世纪六七十年代受错误思潮的影响，锡伯文的学习和使用被迫中断，1978年以后得到恢复。锡伯族小学教授锡伯语言文字，本民族自治地区有锡伯文报纸《察布查尔报》，锡伯语有线、无线广播电台和电视台，新疆人民出版社、新疆教育出版社出版锡伯文图书。新疆维吾尔自治区民族语言文字工作委员会设有锡伯语研究、名词术语规范专业。

分布在西北、东北的两大部分锡伯族，他们在语言文字使用上存在着一些差异。居住在新疆地区的锡伯族都使用锡伯语，但熟练掌握锡伯文字的人正在日益减少。在北京居住的锡伯族也有一部分人精通锡伯语和锡伯文。但是，居住在东北地区的锡伯族，会说锡伯语的寥寥无几，有的仅仅能说几个锡伯语词汇，更多的锡伯族则已经使用汉语。

继承与使用

察布查尔锡伯自治县在各类牌匾、路标、公益广告、横标、会标、各类印章、票据、本地出产的商品商标、旅游景点指示牌等上面使用锡伯文。此外，辽宁省沈阳市沈北新区兴隆台锡伯族镇党委和人民政府的牌匾上也使用了锡伯文，在小学也开始教授锡伯文和锡伯族传统文化知识。

▲

《锡伯族民歌集》书影

由于锡伯族语言文字与满族语言文字有很深的渊源关系，所以全世界有30多个国家和地区都在把锡伯族语言文字当作满族语言文字的“活化石”进行研究。

锡伯文是新疆政府部门管理的五种民族文字之一，新疆维吾尔自治区民族语言文字工作委员会从事锡伯文的规范化、标准化研究和名词术语的规范审定工作。20多年来先后研究制定锡伯文正字法和正音法，规范公布大量名词术语，制定信息交换用锡伯文国家标准和国际编码标准，开发锡伯文应用软件，承担完成多项新疆维吾尔自治区和国家级研究课题，编写多部规范性和研究性专著，有力地促进了锡伯族语言文字的发展。

新中国成立以来，以锡伯族语言文字为载体的锡伯族文学艺术事业得到振兴和繁荣。20世纪50年代用锡伯语创作（或翻译）上演的歌剧、话剧、创作歌曲、演唱材料数十种，搜集整理民歌、民间故事等百余种，翻译古典名著和现代文学名著数十种、科普读物百余种。著名的《西迁之歌》就是在这种背景下由民间诗人管兴才先生创作，后被译成汉文广为流传。进入20世纪80年代后，涌现出老中青三代相结合的一批作家、诗人、翻译家、艺术家，他们从母语起步，创作、翻译大量小说、散文、诗歌、影视、歌曲等作品，整理出版民族古籍、民间文学各类集成（歌舞、音乐、故事、歌谣、民歌、谚语、戏曲、歌曲）等十余部。

20世纪80年代察布查尔锡伯自治县广播站

1958年，察布查尔锡伯自治县成立有线广播站，使用锡伯语广播，全县各乡镇都能通过锡伯语广播收听中央及各地方新闻。1989年建立调频台，有线改为无线，收听范围扩大。察布查尔电视台开设锡伯语频道，每天在固定时间段播出锡伯语节目。

《察布查尔报》是我国唯一的一份用锡伯文出版的报纸，其前身是1946年在伊宁市创刊的《自由之声报》和《新生活报》，系八开周二刊，每年出版100期，平均发行2000余份，邮局统一发行。该报始终坚持正确的舆论导向，报道锡伯族自治地方的政治、经济、文化、教育、科技事业的发展状况，介绍锡伯族的历史、文化、教育、民俗、风情等。该报1954年实现活字铅印，2002年告别铅与火的时代，实现了计算机系统排版和电子印刷。在许多少数民族语言文字逐渐消亡的今天，《察布查尔报》的意义已远不止作为一份报纸那么简单，它是一种精神的象征，更是锡伯人的精神家园。

文学艺术

锡伯族文学是中华民族文学的重要组成部分，也是中国少数民族文化艺术宝库中的珍品。锡伯族文学有以下两个特点：一是

锡伯族书刊插图

在本民族文学的基础上大量吸收满、汉民族的文学精华；二是口头传诵的民间文学占主要地位，作家文学也不同程度地接受了民间文学的滋养和哺育。锡伯族文学形式多种多样，民间文学形式有民间长诗、民间故事、民间传说、民歌、宴歌、神话、童话、寓言、谚语及念说。作家文学有诗歌、戏剧、小说等。

民间文学

锡伯族民间故事、传说、谚语很丰富。民间故事中《章京和他的女婿》讽刺了吝啬贪财的岳父。《燕子》《三兄弟》歌颂了劳动人民的美德。《穷姑娘和富姑娘》斥责了贪婪和自私，教育人们要善良正直，而关于人参的许多传说则富于神奇幻想色彩。谚语、谜语也是民间文学宝库中较有特色的口头文学形式，在锡伯族群众中广为流传。

叙事诗《拉希罕图》是一部以锡伯语创作的自由体民间叙事长诗。它产生于"伍克辛"当中，内容反映西迁新疆地区后的军旅戍边生活。《喀什噶尔之歌》长1500多行，描述英帝国主

《锡伯族民间故事》书影

义支持的和卓后裔张格尔的叛乱及锡伯族官兵在讨平叛乱、生擒张格尔斗争中的英勇战绩。民间长诗《迁徙之歌》以及关于守卫卡伦、台站和民族英雄图伯特带领民众开凿察布查尔大渠的种种传说，真实而生动地再现了锡伯族人民跋涉千里来到祖国西陲，保卫边疆、建设边疆的历史生活场景，因而具有珍贵的史料价值。

书面文学

锡伯族的书面文学也有较高的成就。《辉番卡伦来信》是19世纪的作品，这篇文笔精练，语言优美，内容深刻的书信体散文的作者，是锡伯营镶白旗五牛录的何耶尔·文克津。他18岁应征入伍，道光末年擢升为侍卫，咸丰初年去辉番卡伦换防一任。此文即在戍所时创作。作者准确而生动地描述了从察布查尔至辉番卡伦沿途的自然风貌、气象地理、风土人情，并对当地的水利建设、农业生产、人民生息提出了自己的见解。字里行间洋溢着对祖国山河的深厚感情和卫国戍边的神圣责任感。《锡伯族由东北西移时之离乡曲》系史诗，原文为汉文，计120行。该诗用热情豪放的笔触讴歌了乾隆二十九年（1764）一部分锡伯军民由东北西迁伊犁的壮举以及他们西迁后在西北屯垦戍边的情景。作者锡济尔珲，是清末锡伯族中涌现出来的文学家。

20世纪出现尚学会、兴学会等锡伯族文化团体，以及一批近现代作家。色普希贤是锡伯族杰出的教育家、文学家，他创作的

锡伯文图书

锡伯文小学课本

《劝学歌》被后人广为传诵。乌拉扎·萨拉春创作了《别再吸食鸦片烟》《明媚的春色》《老年人和青年人》等诗歌以及小说《真正的金子》等。何耶尔·柏林是锡伯族杰出的诗人，他用锡伯文和汉文两种文字创作，发表诗歌、散文、译作多部，如《送瘟神》《共享园中草》《羊拐骨的胜利》《汗腾格里颂》《苏花之歌》《老妇泪》等。管兴才是现代锡伯族诗人，兼通汉、满、蒙古、藏等语言文字，他的诗作《狩猎歌》《接新娘》《十二月歌》《婚礼歌》等在群众中广为流传。

锡伯文版《红楼梦》书影

新中国成立后，锡伯族中出现了一批知名作家，郭基南、高风阁、哈拜是他们中的典型代表。郭基南的作品有诗集《心之歌》《乌孙山下的歌》，散文、报告文学集《准噶尔新图》等。高凤阁是东北的锡伯族农民作家，他创作的优秀短篇小说《垫道》被译成多种文字出版。哈拜的诗作生活气息浓厚，曾入选《中国新文艺大系》，他还翻译了哈萨克书面文学奠基人阿拜的作品，出版了《阿拜故事选》《阿拜诗选》《阿克利亚》等作品。

翻译文学

文学翻译作品在锡伯族的书面文学中占有重要地位，锡伯族知识界多精通数种少数民族语言文字，文学翻译有良好的传统。不仅对新疆地区各少数民族文化的交流做出了独特贡献，也极大地丰富了锡伯族人民的精神生活。由于历代许多佚名译者和歌手

锡伯文版《三国志》书影

的辛勤劳作，《三国志》通过再创作，成了妇孺皆知的诗歌体《依兰古伦舞春》（即《三国之歌》）。其他如《西游记》《东周列国

志》《岳飞传》等均有锡伯文译本流传。新中国成立后，文学翻译有了很大进展。《阿Q正传》《白毛女》等百余部我国现代文学作品、歌剧以及许多世界名著均被译成锡伯文出版。

民歌

民歌是新疆地区锡伯族文学的精华。新疆地区锡伯族民歌强烈地反映了人民对封建统治的愤恨和反抗，歌颂了劳动人民纯真的爱情和建设自己幸福美好生活的理想。

▲《三国之歌》书影

新疆地区锡伯族民歌包括萨满歌、打猎歌、田野歌、街头歌、婚礼歌、情歌、格言歌、叙事歌、习俗歌、苦歌、颂歌、劝导歌等。锡伯族民歌有这样几个特征令人关注：第一，喜欢用比兴手法，押韵独特。很多民歌上下句不仅押句末韵，而且押句头韵和句中韵。类似押韵的结果，不仅民歌朗朗上口，容易记住歌词，而且令人回味。第二，配有特定的曲调，便于传唱。

叙事歌中比较完整的有：《西迁之歌》是新中国成立后锡伯族民间诗人管兴才先生，根据多种迁徙歌，整理而成的一部完整的史诗，全诗共有500余行。《海兰格格》是一部丈夫对妻子的追念歌，也可以称为悼念歌。《叶琪纳》是一部古老的反映锡伯族渔猎生活的叙事诗。《三国之歌》是根据群众中广泛传阅的《三国志》编唱的。

苦歌，反映了锡伯族人民在旧中国的社会生活，主要倾诉农民的重重苦难、妇女的悲惨遭遇，控诉封建地主、贪官污吏的残暴。如：《换穿衣》《赋税重》《异乡梦》《走天涯》《凶手》《抓兵》《盼天亮》等。

◀《锡伯族情歌》书影

萨满歌是锡伯族最古老的民歌，过去是萨满“跳神”时所唱的原始宗教歌，具有一定的封建迷信色彩。而流传在群众中的萨满歌大部分去掉了迷信的成分，成为一种独特的民歌形式。作品主要有《霍里色·

▲

《锡伯族民歌集》书影

萨满招魂歌》《阿尔坦库里》等。萨满歌从侧面反映了锡伯族的文化、历史，在歌词中夹杂着许多古语词。因此，它们在研究锡伯族文化、历史以及在研究萨满教方面都具有重要的参考价值。

颂歌一般是歌颂家乡的山河、土地，赞美高尚的品德，赞颂美好的事物，包括歌颂为人民做过好事和为家乡谋过幸福的官吏、英雄人物等。如《颂恩人》《父母的恩情》《老师的教导》《人人赞美德》《美丽的家乡》《察布查尔颂》《伊犁河颂》《乌孙山颂》《英雄颂》等。

劝导歌是鼓舞人们上进，劝人学习、养成美好品德的歌曲，如《老人歌》《父母心》《老师言》《农耕好》等。

习俗歌有《哭葬歌》《说亲歌》《尊老歌》等。田野歌也叫街头歌，如《四季歌》《笑懒汉》《金色的土地》等。至于打猎歌，代表性的有《猎人之歌》。

情歌在锡伯族民歌中占有很重要的位置，其数量多，流传较广，可以分为：诉情歌、相爱歌、求爱歌等十几种。

宴歌是专为庆贺喜事而唱的祝酒歌，如《金凤凰》。而新民歌则体现的是歌颂新时代、赞美新生活。

舞蹈

锡伯族民间舞蹈的形成与民族习惯、地理环境、语言文字、音乐美术等分不开，它是通过宗教活动、音乐、诗歌、服饰、雕塑、喜庆的联欢等形式记载下来的。锡伯族舞蹈多源于生产劳动和日常生活。如《走马舞》是通过模仿骏马奔驰，骑手策马扬鞭的英姿，生动地展现出锡伯族精骑善射的民族气质。《行礼舞》以鞠躬、屈膝致礼等文雅动作，形象地展现出锡伯族尊老爱幼、礼貌待人、热情好客的传统美德和精神风貌。《醉舞》把各种醉态融于舞蹈艺术

蝴蝶舞 ▶

之中，将丰收和喜庆时的酒酣耳热、步履蹒跚，为喜悦所陶醉的场面表现得淋漓尽致。《蝴蝶舞》则通过寻觅、追捕，最后捕捉到蝴蝶的形象舞姿，比拟锡伯族青年男女对自由、幸福的爱情生活的执着追求。

▲

贝伦舞

“贝伦”与“玛克辛”同是锡伯语，意为“舞蹈”，因它具有短小精悍，形象生动，随意性强，男女老少皆宜等特点，深受锡伯族人民的喜爱，流传十分广泛。可以说，在新疆，凡是有锡伯人居住的地方，都能见到“贝伦”的存在。锡伯族人不选时间，不择场地，只要点燃了激情，乐手弹起贝伦舞曲，人们便翩翩起舞。男女老少大都可跳其中的几种舞蹈。跳贝伦舞，传统伴奏是民间乐器东布尔。贝伦舞舞姿非常优美，其动作主要体现在双手上，下肢的动作并不多。特点是扭肩、甩臂、拍地、甩胯。男子舞姿粗犷、洒脱；女子舞态优美、舒展。贝伦舞多为双人跳，也有单人舞，节奏明快，即兴表演，多为男子先出场独跳一番后邀请女伴入场。在男女共舞时，两人身体不能接触，否则会被认为

锡伯秧歌剧

技艺不高。其动作主要表现为抖肩、叉臂、小蹲、大蹲、弓步、大跪、小跪、双手叉腰、单手叉腰、拍手、屈膝、甩手、弹手腕、扭胯、半转身，全转身、小跳、滞步等。

贝伦舞一般分为硬性贝伦和软性贝伦两种类型。硬性贝伦粗犷、刚健、诙谐，为男子舞蹈。软性贝伦则舞姿轻盈、飘逸、柔美，为女子舞蹈。贝伦类包括面具舞、跛子舞、单点舞、双点舞、王玛舞、伊克尔德克舞、醉舞、八乡舞、请安舞等。

锡伯族的秧歌是同东北的其他民族共同相处而学过来的。“汗都春”是锡伯族的一种歌剧，和北方汉族的秧歌剧有些相似，锡伯族有的也称之为“秧嘎尔”。此外，锡伯族在和其他民族的交往中，吸收了许多适合本民族特点的文化。如，同俄罗斯族学会了跳踢踏舞，交谊舞也已成为当前锡伯族群众中较流行的一种舞蹈。

戏剧和说唱

戏剧音乐，锡伯语称“秧嘎尔木丹”，分为平调和越调两种。平调的历史悠久，是锡伯族在东北时期就演唱的音乐，而越调是锡伯族西迁后和其他民族开始有了往来以后才形成的，其中包含有汉族音乐的成分。所谓平调和越调，是以三弦的定弦为准，平调三弦的定弦为5、6、2（ODG）；越调定弦为1、5、1（GDG）；越调音高，平调音低。平调和越调各有不同的曲调或称

牌子。锡伯族的戏曲音乐既有自己的特点，又有陕西、甘肃一带流行的眉户音乐的成分。

▲

更辛比（吟诵调）

锡伯族说唱音乐曲式结构简单，大部分曲子以单乐段构成，因此记忆十分方便，又便于广泛流传，常见的是上、下两句的单乐段。节拍以2/4、3/4、4/4等单拍子为主。但是，调式种类十分繁多，这是锡伯族民间说唱音乐（民歌）的一大特点。锡伯族的说唱音乐丰富多彩，最著名的有：《田野歌曲调》《蝴蝶歌曲调》《海兰格格曲调》《金纽扣曲调》《娶媳歌曲调》《哭嫁歌曲调》《婚礼歌曲调》《叶琪纳曲调》《打猎歌曲调》《迁徙歌曲调》《摇篮曲曲调》等。

▲

炕上静听朱伦（故事）

锡伯族乐器

兽皮鼓

乐器

锡伯族除了本民族特有的东布尔、菲特克纳、苇笛和铁簧之外，也使用其他民族的乐器，如二胡、四胡、三弦、扬琴、笛子和各种常用的打击乐器。20世纪50年代以后，还吸收了小提琴和曼陀铃两种乐器。在合奏时，往往采用本民族乐器与外来乐器所组成的混合乐队演奏。锡伯族音乐工作者由于娴熟地掌握了本民族乐器的演奏技巧，发挥出锡伯族音乐特有的明朗、刚健的特色，对于其他民族和外来乐器的使用，不仅没有影响锡伯族音乐艺术的风格，反而促进了它的提高与发展。

工艺美术

锡伯族民间绘制人物画像是一种风俗。锡伯族民间画师技艺高超，所绘人像逼真生动。另外，锡伯族民间还有绘制萨满图、灶神像、家谱图等传统。

锡伯族传统绣品

此外，还有刺绣、贴花、剪纸等。尤其刺绣更是锡伯族妇女擅长的女红。荷包是锡伯族吸烟男子必备的物品之一。按传统，一对恋人中，女方要缝制精致的荷包送给意中人。荷包通常要绣上花卉、蝴蝶、飞禽等美丽图案。此外，锡伯族妇女用她们灵巧的双手在门帘、枕头套、枕头顶、衣服边角、鞋面上等处绣上各种珍禽异兽、奇花异草。其做工精细，展现出她们无穷的智慧。

锡伯族刺绣

锡伯族绣花鞋

体育娱乐

锡伯族人自古骁勇善射，他们传统的体育娱乐活动有射箭、摔跤、举重、游泳、赛马、叼羊、踢毽子、荡秋千等。其他一些体育活动如中吊肩、压膀、举重等都是为训练射箭的辅助活动，所以在锡伯族民间最为普遍、最具群众性。其中，在射箭、摔跤两项运动中蜚声全国，闻名中外。

射箭

射箭是锡伯族一项具有悠久历史的活动。早在东北大兴安岭生活时，锡伯族就以骑马射箭作为狩猎的主要手段。到清初，锡伯族被清政府编入满洲八旗后开始军旅生崖，并分派到各省要地驻防。当时的清军还是以弓箭、长矛、大刀作为主要武器。因此，练习射箭便是军训的主要内容。

清代射箭

射箭

一部分锡伯军民西迁到新疆伊犁之后，弓箭仍然是锡伯军队的主要武器。当时，锡伯营八旗的每个牛录，每年春、秋两季举行选拔“伍克辛”的活动，主要考骑射的技艺，被选上“伍克辛”的人可以得到一块公田耕种。年满18岁的青年踊跃参加选拔活动，争取当上“伍克辛”。因此，锡伯族男孩儿自幼练就一身过硬的骑射技艺。男孩一出世就和弓箭结下不解之缘，当家人得知出生的为男孩，就赶紧用红丝绳扎一个小弓箭，在象征保佑人口兴旺和家宅平安的“喜利妈妈”上系扎，预祝他将来成为一个能骑善射的勇士。

清朝覆亡以后，弓箭退出了军事舞台。但是，锡伯族群众没有因此而放弃弓箭。弓箭成为他们显示武功、锻炼身体的体育项目之一。过去，每个牛录，每年都举行一到两次比赛。在射箭比赛中，要以羊或牛作为彩头。胜利的一方获彩头后，将自己的箭挂在羊或牛的头上，以炫耀自己的光荣。胜利者得到羊或牛以后不能独自享用，要当场宰杀并用大锅煮熟，分给众人品尝，失败一方也在其内。

◀ 射箭比赛

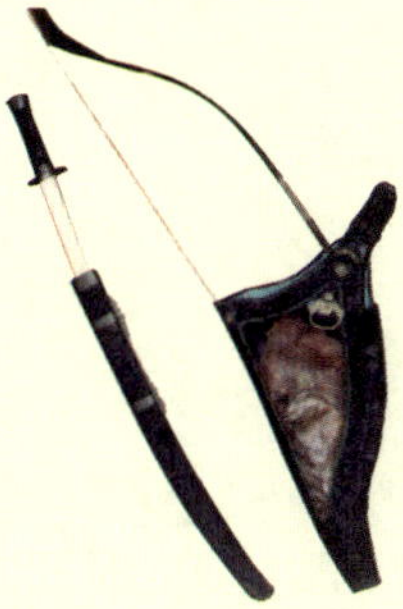

▲ 锡伯族传统弓、刀

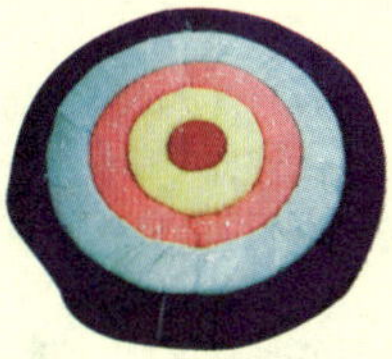

▲ 锡伯族传统箭靶

比赛时使用的弓箭都是特制的，具有民族特色。箭靶是用马皮和毛毡制成，靶上黏着蓝、黄、绿、黑、紫、红六色布环圈，红色圈是靶心。赛箭的箭头呈尖圆形，用牛皮制作，上有四个小孔，箭一离弦，啸声震耳，称作响箭，使观者精神振奋，备感乐趣。

在锡伯族民间，由于长期渔猎和军事生活的需要，所以在弓箭训练方面积累了丰富的经验，为增强臂力，在训练时经常采用举重方式训练，除石担、抬石滚、擎车轴外，还要压肩、吊膀，以求拉弓用力一致，提高放箭中靶的命中率。

新中国成立后，曾一度濒于灭绝的锡伯族射箭运动得到发展。自1979年以来，锡伯族青年多次参加国内和国际的重大射箭比赛，多次夺得金牌，为祖国争得荣誉。神箭手郭梅珍、汝光已成为名扬全国的箭坛名将。1979年，国家还给察布查尔锡伯自治县拨专款，修建了一座宽敞美观的射箭厅，为箭乡子孙们四季风雨无阻地训练创造了有利的条件。在新疆维吾尔自治区成立了全部由锡伯族组建的自治区射箭队。锡伯族射箭传统得到发扬和光大。

摔跤

摔跤是一种力量和技巧对抗性很强的运动，是锡伯族群众喜爱的民间传统体育项目。摔跤能磨炼人们的斗志，培养好胜的性格。据说，在元朝时期，每年举行的摔跤比赛仪式上，都少不了锡伯人参加，每次比赛，锡伯人屡屡获得名次，并经常受到蒙古王公的奖励。到了近代，在锡伯族民间也涌现了许多摔跤能手，他们也曾把异族的“布库”（摔跤手）摔翻在地，大长民族志气。由此可以看出，锡伯族的摔跤运动由来已久。

在民间，摔跤运动没有像射箭运动那样形成过定期、定规的比赛程式。平时，人们在聚众的场合和劳动闲暇时自由进行较量。他们不以失败为耻辱，而是互教互学。每逢婚嫁、节日等吉庆日子常进行摔跤比赛，对获胜者给予奖励。摔跤形式多种多样，除了国际式摔跤与中国式摔跤外，还有本民族的摔跤形式。古典式摔跤选手的年龄、体重要接近，摔跤时没有固定的程序，只要一方的双手、膝盖或背脊着地，就算输了。自由式摔跤选手不分体重，不受时间、场地的限制，只要把对方摔倒就算胜利。锡伯族还有一种摔跤形式，将摔跤手的双腿用一条麻袋装起来，

摔跤场

麻袋口扎在腰间系紧，双方只能用上肢的力量和技巧摔倒对方。还有一种马上角力，也叫马上摔跤。比赛时，骑手一手执辔，一手抓、拉、推、搡、扭对方，或者把辔压在马鞍上，马鞭叼在嘴中，当两马相交之际，双方交手较量，都力图把对方拉下马来。争斗中两骑往往左右盘旋，骑手扭在一起，斗智斗勇，险象丛生，惊心动魄。

摔跤比赛

摔跤被列为体育比赛项目后，锡伯族的摔跤运动不仅得到了较大的发展，而且训练方法也日趋正规化、科学化，培养出的运动员曾多次夺得全国摔跤比赛冠军。

举重

在锡伯族民间举重既是训练的一种辅助项目，同时也可以作为健身，进行各种竞技比赛。大多是随时进行，现场发挥，带有强烈的自娱性色彩。往往几个争强好胜的青壮年在一起，就地取材，将石磙、石碾、粮袋、巨石等，凡是可以举用的什物，都作为他们角逐和赛力的运动器具。在举行庆典活动和人多的场合，手足发痒的小伙子们，兴致勃勃地进行举重比赛，大人小孩都来围观、助兴。

赛马

赛马和叼羊是西迁后锡伯族民间开展的体育活动。每年端午节，他们都举行一次规模盛大的赛马和叼羊活动，这是受当地哈萨克族影响而产生的一项新兴体育项目，其比赛方法和内容与哈萨克族的叼羊比赛完全一致，优胜者给予奖励。由于哈萨克族与周围各兄弟民族之间的交往日益密切，经常举行跨地区、多民族

▲ 赛马

的赛马、叼羊比赛。这不仅锻炼和增强了人们的体质和毅力，而且又促进了各民族之间的友爱团结。

抓嘎拉哈

抓嘎拉哈是锡伯族民间老少都喜欢的活动，成年人玩的规模大，小孩玩的简单。嘎拉哈是猪、牛、羊后腿踝骨中间活动的骨头。锡伯族自古以狩猎和游牧为主，牛、羊为主要的放牧牲畜。

抓嘎拉哈 ▶

每当宰牛杀猪、羊，就把嘎拉哈取出给孩子们玩。抓嘎拉哈，人数不限，嘎拉哈数目也不限，看最后谁抓的多，谁就是胜利者。这种游戏，春夏秋冬，屋里、屋外，炕上、炕下，都可以玩，是锡伯族民间最广泛、最受喜爱的游戏活动。

姓名家谱

姓名

哈拉莫昆 锡伯族的姓氏被称为“哈拉”(同姓),“哈拉”下分“莫昆”(同姓同氏)。“哈拉”是以父系血缘为标志而组成的血缘共同体,即同一父系祖先繁殖的血缘集团,而“莫昆”系锡伯语“氏族”之意,为同一“哈拉”内自然形成的血缘分支集团。因此,每个“哈拉”都分别由数个“莫昆”组成。长期以来,在锡伯族社会中,形成了一套较完整的“哈拉莫昆”制,它是整个社会能够自我管理、自我调节、自我完善,甚至又自我封闭,并具有为社会服务的功能。所以,它是具有社会性质的制度。“哈拉莫昆”制是氏族社会的产物。锡伯族的“哈拉”是由男性祖先的男性后代组成的,该“哈拉”的男性越多,规模就越大。相反,“哈拉”的女性越多,这个“哈拉”的规模就越小,认为女性本来就不是本“哈拉”人,她们是为异姓繁殖后代的人。因此,萨满宁可把法术传给儿媳,也不传给自己的女儿,这是继母系社会之后父权上升时留下的痕迹。由于历史上某些“哈拉”规模越来越小,导致十几个“哈拉”的永远消失。锡伯族的姓氏和名字是多音节的。不同“哈拉”的称谓,有取自所居山名、河名,还有取自图腾或祖先名等。如“胡尔噶哈拉”因居胡尔噶岭而得名,“瓜尔佳哈拉”即可能由瓜尔佳部而得名。

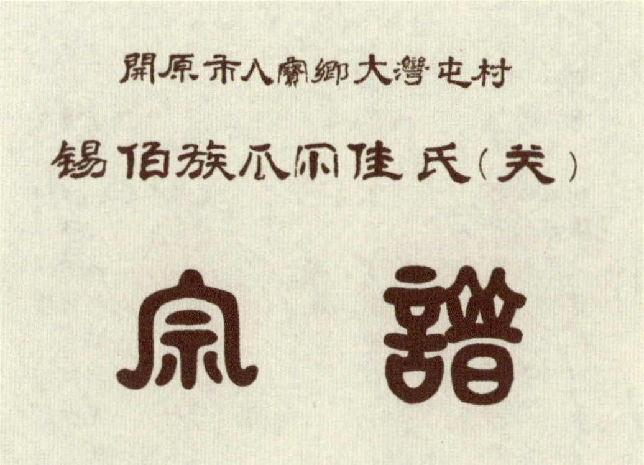

锡伯族宗谱

随着历史的变迁,锡伯族的姓氏也由多音节改变为单音节的汉译简化姓。如“图克色里氏”,汉译简化姓为佟姓,但不是改

辽宁省部分锡伯族姓氏与汉译简化姓对照表

音译锡伯姓	汉译简化姓	音译锡伯姓	汉译简化姓
瓜尔佳	关，管	哈斯胡里	韩，哈
瓜勒佳	关	翰雅拉	韩
杜尔布特	关	韩吉利	韩
吴扎拉	吴	杭阿哩	韩
乌扎罗	吴	舍尔加	韩
乌扎拉	吴	间阳域	韩
乌苏	吴	图克色里	佟，通
吴雅	吴	图木尔齐	佟，涂
佟佳	佟	华西哈尔	华
宁武图	刘	徐忽烈	徐
胡西哈里	胡，扈	何舍哩	何
胡尔噶	胡	何叶尔	何
胡西哈尔	胡	虎尔哈	何
胡锡	胡	赫叶（赫叶尔）	何，赫，贺
呼锡扎	胡	阿客东那	何
托库尔	陶	毕利特	何
陶佳	陶	色冷	何
伊拉里	伊	浑军教练诺	何
额尔克勒	鄂，额	贺在尔	贺
鄂托	鄂	赫舍里	康
富察拉	富	安佳	安
富察	富	完颜	王
傅佳	傅	张佳	张
札库哩	张	札斯胡里	臧，扎
扎木库里	张	扎库哩	臧
温都尔	温，文	扎萨呼哩	扎
依尔根觉罗	肇，赵	杨吉尔	杨
觉罗	赵，焦	杨吉哩	杨
伊头	赵	杨佳	杨
伊尔根	赵	杨阿哩	杨
卜占那	卜	果尔吉	高
卜库索里	卜	郭尔吉(郭洛佳)	郭，高
石佳	石	果尔齐	高，郭
固尔佳	顾	果洛罗	郭，国
托霍罗	托，妥	高佳	高
托库尔	拓，妥	郭洛佳	高
郭尔佳	郭	巴雅喇	巴，白，拜
那拉	那	巴雅尔	巴
苏木尔	苏	白雅拉(巴雅拉)	白
舒穆尔(苏木禄)	舒，徐	伯佳	白
英图里	英，应	官古罗	官
永妥里	永	莫图里	莫
永托哩	永	哈雅拉	哈
格齐勒	葛	孔古尔	孔、巩
格济勒	葛	萨嘛拉	蔡

用汉族姓氏为自己的姓氏，而是将自己的原始姓氏译音为汉语后，再加以简化，取其第一个字，第一个音节。如“图克色里氏”音节中“图”译为佟（涂、通）。这一变化是在清朝后期陆续完成的。改姓约在咸丰年间。而新疆地区的锡伯族，因其特殊的环境和条件，辛亥革命后才陆续改变的。

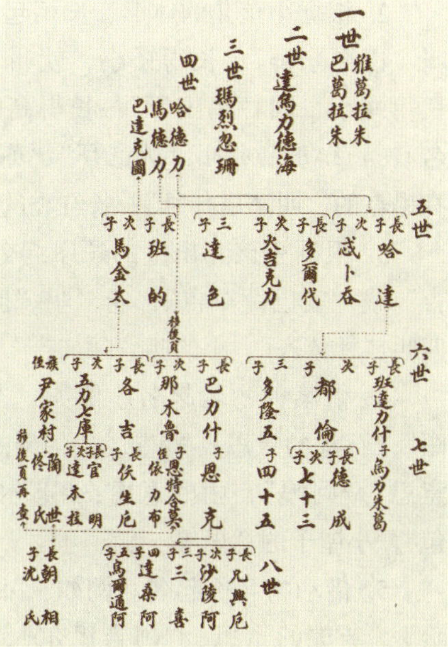

锡伯族谱单

锡伯族的名字也有一个演变过程，原来名字也是多音节的，自姓氏改变后名字也随之改为一个字或两个字了。原来锡伯族称名不道姓，如“巴图鲁”只是名，姓或许是瓜尔佳，改用汉译简化姓后才姓名连用。

起名习俗　起名是锡伯族宗族活动的重要内容之一。它作为人生的一件大事，自古形成了自己独特的起名习惯。孩子生下来之后，在几个月之内就要起名。过去，起名是由专人来完成的，家中有祖父辈的，由祖父辈来完成，没有祖父辈的，要请亲戚中的长辈或姑舅来完成。辛亥革命以前，锡伯族的名一般不带姓氏，多为三个字以上，并都具有相应的意义。例如：图克善、巴雅尔图、博勒果素、伯特赫西、额尔登泰、法依当阿、福克精阿、和特恒额、喀尔莽阿、色克吉春、舒伦布、萨凌阿、苏勒通阿、讷木精阿、图克苏、图克唐阿、瓦勒达、倭克吉春、乌尔衮泰、乌里雅苏台、扎拉丰阿、锡布昌阿、依桑阿、伊勒德布、卓尔吉、音德额、吉布兴阿等。纵观新中国成立前锡伯族的姓名，起名形式五花八门，择其要者介绍如下：

1. 根据小孩儿祖父的年纪起名，如小孩儿的祖父当时六十大寿，就起名叫“六十”；如果是六十一岁，就叫“六十一”；如果是八十六岁，就叫“八十六”。这些小孩儿一般都成为其祖父的掌上宠孙，谁也不能打骂他。

2. 根据小孩儿的体形、长相起名。例如，小孩儿长得强健就叫“巴图尔拜”；长得矮小，就叫“疙瘩芝”（多用女孩儿名）；长得瘦小，叫“玛出浑”；长得高叫“郭勒敏芝”（多用女孩儿名）；长得黄一些叫“苏彦拜”“苏彦保”“苏牙儿提”等；脸上有黑点的，叫“塔什拜”；长红秃的叫“佛尔建麦吐克”等。

3. 根据小孩儿出生的顺序起名。例如，老大叫“安巴哈哈吉”或“安巴萨罕吉”，老二叫“捷奇”，老三叫“伊拉齐”，老四叫“杜依齐”，小的叫“阿加吉”（“阿吉哈哈吉”的缩音）。

4. 借某种物名起名。例如，“色勒图”，铁的意思；“文贺图”，石头的意思；“东布尔”，琴的意思；“图拉”，房屋柱子的意思；“阿嘎”，雨的意思；“苏尔何里”，苹果的意思；“阿吉包”，小屋子的意思等。

▲

锡伯文小学课本

5. 借动物名称起名。例如，“图克善”，牛犊的意思；“塔什哈”，老虎的意思；“阿吉巴尔”，小巴儿狗的意思；“阿木巴尔”，大巴儿狗的意思；“克色克图”，猫的意思；“多尔珲”，獾的意思。

6. 借花草、飞禽名称起名。例如，“包吉丽”，菊花的意思；“嫩登”，梅花的意思；“扎穆尔”，蔷薇花的意思；“伊尔哈”，花的意思；“英格尔”，鹦鹉的意思；“沙沙哈”，喜鹊的意思。

7. 起寄托光明、吉祥意义的名字。例名，“尔德克”，光辉的意思；“尔登”，光亮的意思；“舒尔登”，阳光的意思；“扎克善”，霞光的意思；“尔德”，早晨的意思；“沙丙阿”，吉祥的意思；“萨音芝”，好的意思；“格图肯”，聪明的意思；“扎拉丰阿”，有寿的意思；“希济尔珲”，耿直的意思。

8. 起有祈求向往富裕、幸福意义的名字。例如，“阿查布”，顺应的意思；“阿常阿”，适宜的意思；“尔景额”，丰裕的意思；“音登保”，兴盛的意思；“巴音芝”，富裕的意思；“扎鲁阿”，盈满的意思；“富隆阿”，多余、丰余的意思；“扎布尚阿”，有幸的意思。

▲

锡伯文小学语文教师用书

9. 起有进步、向上等意义的名字。例如，“法尚阿”，奋斗的意思；“木特布”，使成的意思；“伊伯额”，前进的意思；“奇车额”，勤奋的意思；“佛尔铿额”，见多识广的意思；“希林”，精锐的意思；“希拉布”，继承者的意思；“华沙布”，哺育的意思。

新中国成立后，锡伯族的起名习俗也发生了变化，很多名字都开始赋予汉语意义，但姓仍冠以锡伯族汉译的姓氏。例如：贺福坚、关寿庆、佟林海、何松林、永小芳、文孝忠、吴忠福、关玉芳、郭寿林等。

新中国成立前，由于医疗卫生条件较差，很多婴儿生下来后染病夭折。对此，很多迷信的人认为是各种神灵作祟，因此就给下一个小孩儿起贱名，认为这样会使神灵厌恶他的名字而不“领走”他。例如：“法腾”，是鞋底的意思；“霍洛”，是葫芦的意思；“哲克色图”，是叫人厌恶的意思等。这是一种对疾病的消极防御意识的反映。

此外，在民间还有给人起绰号的习惯。起绰号时主要根据对方的长相、某些举动的特点以及其父母的特点。在锡伯族民间，绰号往往比他自己的真名被用得广泛，也很快得到传知，人们往往不叫他的真名而叫其绰号，使得某些人至死也没用过真名，而一直使用绰号。

家谱

家谱是锡伯族最形象地记录一个“哈拉莫昆”“乌克孙”或家族发源、沿袭的谱书（宗谱），它包括“哈拉”家谱和“莫昆”家谱。

锡伯族家谱

锡伯族的家谱溯其源，具有悠久的历史。早在古代，其祖先就会“刻木”记事，但因年长日久，记事的木头腐朽散失，后代无法知道祖先的承袭情况。后来，人们发明了可以形象地记录祖先传袭情况的“喜利妈妈”。等到有文

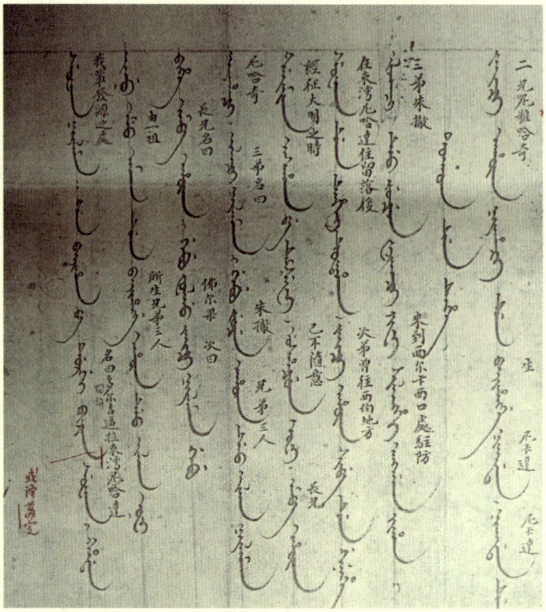

锡伯族家谱局部

字后，才开始修立家谱。

创立家谱，对锡伯族家庭来说，具有很重要的意义。编修家谱是锡伯族“哈拉莫昆”乃至家庭社会活动中的一项最重要的内容，修编的目的就是“发扬先祖之德，大昌祖宗之功”。锡伯族对家谱十分珍重，平时小心地保存在木匣子里，非祭祀时候不能拿出来随意摆布。

锡伯族家谱书影

锡伯族家谱，其类型有如下两种：一是谱书，即编印装订成册的书籍；二是谱单，即在一块绫子或粗布或纸上抄写的世系表。家谱的内容也不一致，谱书内容较为详尽。谱书一般都有封面，写有家谱名称。有的还有“家规”“家法”等，最后有修立谱书的年代与修谱人等。谱单内容较简要，有的谱单在右上方记有简短的谱序，除谱序外就是宗支排列，最后有修谱的年代等。还有的谱单只有宗支排列，无其他内容。谱书或谱单，在宗支排列的记载中，有的标有官职、去向，如，×××兵、×××骁骑校、前锋、佐领等；×××拨往伊犁等。有的只是姓名的排列。

家谱的书写文字也不一样。纵观创立宗谱的时期，是清朝鼎盛时期，大部分宗谱用满文书写。由于历史的变迁、民族的迁移和战争等因素，很多宗谱焚毁或损失，保留至今的很少。现有的家谱大多是民国时期，根据保存的旧谱重新续编而成的。谱书或谱单，书写的文字有三种形式：一是满文；二是汉文；三是满文与汉文合璧。重续的谱书、谱单都是汉文，使用了汉译姓、汉文名，并排“辈”字留于后。

谱书和谱单，一般都记载了该“哈拉莫昆”的渊源、原居住地域范围、迁徙情况。在记事栏里简略地记录先祖的生平轶事，嘉言懿行和其他一些本“哈拉莫昆”主要人物的活动情况及与本“哈拉”有关的重要事情或该家族当中曾经发生过的一些重大事情等。有的家谱还配有“哈拉莫昆”的茔地图形，而家谱就是根据茔地分布绘制的，所以墓区情况可以在家谱里如实地反映出来。还有的家谱带有图画，图文并茂，十分精美。

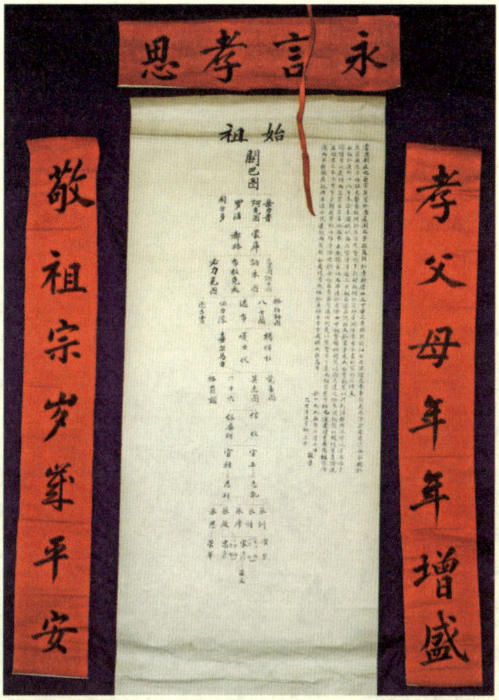

谱单

锡伯族家谱，为我们留下了珍贵的历史遗产，为研究民族的历史和文化，提供了宝贵的历史资料。

第八章 杰出人物

锡伯族在浩瀚的历史长河中涌现出了众多英雄豪杰、名人志士。不管是在民族危亡，外敌入侵的历史关头，还是在反帝、反封建的革命斗争，以及伟大的社会主义现代化建设，锡伯族都肩负起了民族大任，无怨无悔，建立了不朽的千秋伟绩。

历史人物

图伯特

图伯特（1755—1823），乳名图克善（锡伯语，牛犊之意），伊拉里氏。乾隆二十年（1755）农历五月初八日生于盛京一个锡伯家庭。

图伯特雕像

图公祠

乾隆二十九年（1764），10岁的图伯特跟随西迁队伍来到伊犁，他的一家被编入正蓝旗纳达齐牛录。图伯特15岁应试入选“伍克辛”，于乾隆五十七年（1792）从骁骑校越级升为正黄旗（二牛录）佐领。嘉庆三年（1798）升任锡伯营副总管，次年升为锡伯营总管。图伯特从民族的生存和保卫祖国边疆的长远利益出发，决心开挖一条大渠，用以解决锡伯营军民的生计问题。他把这个计划报告了伊犁将军松筠，经松筠批准后，他便不辞辛苦地勘察伊犁河南岸的地形、土壤等自然条件，选择了引水路线，估算了所需工日。但是，以副总管硕尔泰为首的官吏联合上书伊犁将军，反对图伯特。图伯特据理力争，力排众议，坚决主张开渠引水。他又一次向伊犁将军阐明兴修水利、垦荒造田对巩固边防与锡伯营数千军民生存的重大意义，并以九族身家性命担保，保证七年内完工。得到松筠将军的支持，并奏请朝廷批准了图伯特的修渠计划。

嘉庆七年（1802），图伯特确定了在察布查尔山口南引伊犁河水，自崖上凿渠的具体方案，于当年农历十月正式动工开渠。

工程开始后，图伯特日夜不离工地，与莫伦大喇嘛等一起，测量地势，画线引导，指挥施工。经过六年多，于嘉庆十三年（1808）挖成了深3.5米、底宽4米、面宽10米，东西长200余里的锡伯新渠，即今察布查尔大渠。

大渠建成后，锡伯营很快扩大耕地78 700多亩，沿伊犁河岸居住的几个牛录先后迁到大渠两岸定居，锡伯族军民的生活得到了很大改善。伊犁将军松筠将图伯特主持修建察布查尔大渠的功劳奏报皇帝，皇帝十分赞赏，于嘉庆十四年（1809）令其进京朝觐，并绘图紫光阁。嘉庆十五年（1810）三月，图伯特在返回伊犁途中，受任为塔尔巴哈台巴尔鲁克领队大臣，任内五年。嘉庆十九年（1814）卸任。嘉庆二十五年（1820），图伯特又奉命参与了惠远城南伊犁河的疏筑工程。道光三年（1823），图伯特因病去世，享年69岁。

额尔古伦

额尔古伦（1768—?），19世纪20年代，在英国殖民主义者的支持下，流亡在浩罕的小和卓霍集占的堂孙张格尔广结党羽，大举进犯新疆南部，烧杀抢掠，无恶不作，本来安定一时的南疆，战火四起，硝烟弥漫。喀什噶尔、英吉沙、叶尔恙、和田四城相继失陷。道光六年（1826），额尔古伦作为锡伯营总管，率锡伯官兵共800人驰援固守的清军，与张格尔的数万大军展开了激战。锡伯官兵平时十分重视军事训练，骑射行军，技艺娴熟，加上他们骁勇善战，与清军并肩战斗，将张格尔叛军打退100余里，大获全胜。额尔古伦又乘胜追击，在喀尔铁盖山活捉了张格尔，使叛兵群龙无首，叛乱得以平息。次年，清军收复了喀什噶尔城。额尔古伦又率军参战，攻下英吉沙等其余三城。至此，南疆四城全部得以收复。帝国主义的阴谋破产了，南疆又恢复了安定。道光帝得知此信

◀ 额尔古伦

大喜，下令将有功将士40人，一律赐给封号并绘图紫光阁，以示表彰忠勇。道光帝还召见了额尔古伦等人，授予他头品顶戴，赐“果勒明阿巴图鲁”称号。额尔古伦和他率领的锡伯官兵，在保卫祖国边疆，维护边疆稳定、祖国统一的大业中，做出了重要贡献。

萨凌阿

萨凌阿（1799—1864），又名萨朗阿，伊拉里氏，锡伯营镶红旗六牛录人。

萨凌阿18岁应试入选，成为一名马甲。因在巡查边界和本旗当差勤奋，又练就一身过硬的骑射本领，每每考核均能升级，并赏戴空蓝翎。道光五年（1825）升任镶白旗骁骑校。

▲

阿布散特尔卡伦遗址

道光六年（1826），萨凌阿奉命跟随其父额尔古伦率领官兵出征喀什噶尔，参加了平定张格尔叛乱的数次战斗。在战斗中，萨凌阿发挥了百发百中的骑射技艺，射倒叛军头目多人。道光八年（1828）张格尔叛乱被平定，经扬威将军长龄保奏，萨凌阿奉旨赏戴军功花翎。因他“年青材优”“马步箭均可，办理旗务亦有条不紊”，于道光九年（1829）升任镶红旗防御，同年八月又升为正蓝旗佐领。

道光十年（1830），张格尔之兄玉素甫和卓率浩罕军再度作乱南疆时，萨凌阿又奉命出征喀什噶尔。在数次战斗中，他仍以高超的骑射本领被官兵们称为英勇无敌的“神箭手”。道光十四年（1834），萨凌阿奉皇帝之命，送部引见，并在天安门前进行了骑射表演，受到道光皇帝和文武官员们的赞赏。同时，道光皇帝下旨：原喀什噶尔领队大臣额尔古伦之子——佐领萨凌阿，弓箭优良，有所作为，恩赏大缎二匹。萨凌阿返回本营后，继续在正蓝旗任职。道光二十四年（1844）升为锡伯营副总管，道光二十八年（1848）升为锡伯营总管，咸丰十一年（1861）升任库车办事大臣。

萨凌阿在库车办事大臣任职期间，为库车各族人民修渠造田，大办好事。同治三年（1864），萨凌阿在战乱中自尽殉国，终年65岁。

文克津

文克津（1806—?），何耶尔氏，锡伯营镶白旗人。18岁应试入选披甲后，一面在本旗内当差，一面刻苦读书、勤奋写作，不久便有了名气，并任本旗委笔帖式。由于他重视体察民情、观察社会，又偏爱读书写作，咸丰元年（1851）升为镶白旗骁骑校。咸丰九年（1859）升任镶白旗防御，同治二年（1863）因病卸任回家。

文克津一生创作了多部文学作品，但流传下来的并不多。《辉番卡伦来信》便是他唯一流传下来的珍品。这篇作品是他40多岁时在辉番卡伦换防期间写给本营同事的。叙述了途经所见的大自然景色、人们的生活以及辉番卡伦的位置、地势、作用，驻卡官兵的心绪、卡伦的沿革历史等。不仅语言精练、优美、生动，而且韵律协调，诗中有画，形象逼真，具有较高的文学价值和史料价值。

《辉番卡伦来信》中所提到的策济、齐齐罕、萨玛尔、图尔根等屯镇，曾由索伦营各牛录军民居住，皆是我国的领土。1881年，沙俄通过逼迫清政府签订不平等的《伊犁条约》，吞并了我巴尔喀什湖以东、以南，额尔齐斯河与伊犁河之下游及纳林河、帕米尔之大片领土。《辉番卡伦来信》就是这一历史的见证。

喀尔莽阿

喀尔莽阿（1816—1882），安佳氏，锡伯营正白旗人。20岁应试入选披甲，咸丰六年（1856）升任镶蓝旗骁骑校。咸丰七年（1857），奉命出征喀什噶尔，因讨平卡外（指我国边卡之外）倭里罕和卓在南疆的叛乱有功，经参赞大臣法福礼保奏，“赏戴军功花翎，于应升之缺尽先晋用”，故于咸丰八年（1858）七月，升任正白旗（三牛录）防御，不久便升任镶红旗佐

喀尔莽阿画像

喀尔莽阿墓碑

领。同治三年（1864）十一月，署理锡伯营副总管之职。同治四年（1865）正月，晋升为锡伯营副总管。同年五月，署理锡伯营总管之职，继而被正式任命为总管。

喀尔莽阿任锡伯营总管期间，面对国内外错综复杂的形势，喀尔莽阿沉着、机智，采取了一系列有利于祖国的斗争策略。

同治十年（1871）五月，沙俄侵占伊犁后，伊犁各族人民陷入了沙俄的军事殖民统治之下。喀尔莽阿毅然担当起拯救民族危亡的重任，带领各营军民与沙俄抗争，以至沙俄侵略军“屡次交办之事，均不遵办，而且将伊犁的情况不断派人向塔尔巴哈台署理伊犁将军荣全禀报”。同治十一年（1872）初，清政府谕旨喀尔莽阿署理锡伯营领队大臣，兼理伊犁其他旗营事宜，他成为伊犁陷落后清政府在伊犁的唯一官方代表。喀尔莽阿抗俄的行为，引起了沙俄的恐慌与憎恨，并以“伊犁各营人存二心”为由，对喀尔莽阿看押凌逼，百般侮辱；继则以流放俄国西伯利亚相威胁，限期离开伊犁。同治十二年（1873）十二月，沙俄侵略军将喀尔莽阿全家强行押解，逐出伊犁。

喀尔莽阿投奔到塔城后，因同治十三年（1874）和光绪元年（1875）屯种军粮有功，受到清政府的嘉奖，并赏副都统衔。光绪二年（1876），他奉命率领锡伯营百余官兵前往库尔喀喇乌苏、车排子等地屯垦种粮。光绪四年（1878）又奉命到博罗塔拉地方边屯田，边操练官兵。他授任察哈尔营领队大臣后，又率领锡伯营和察哈尔营军民在博罗塔拉一带开挖了一条50里长的“哈尔博户”大渠，引水垦种，聚积粮草，为左宗棠督军收复新疆及最后进军伊犁，赶走沙俄侵略军做了准备。光绪七年（1881），喀尔莽阿在察哈尔营任职期间，曾率领部分官兵视察边界，设复卡伦，在有关边界地段埋下不少锡伯车“毂钏”，以防止沙俄以安设界碑为名多占中国领土。勘界工作在博罗塔拉边界展开后，俄方代表拿出一份把察哈尔营大片地区划入俄境的边界地图，要求中方照此安设界碑。喀尔莽阿针锋相对地拿出双方签过字的界约，并在有关边界地段一一取出所埋之锡伯车“毂钏”，作为真凭实据，据理相争。俄方代表在万般无奈的情况下，只得按喀尔莽阿的意见安设界碑，从而保住了博罗塔拉的大片国土。

光绪八年（1882）四月初六日，喀尔莽阿由博罗塔拉起程赴伊犁。初七日，在萨墨尔彦布拉克被刺客巴达尔所杀，终年67岁。清政府为表彰其功绩，为他举行了隆重的安葬仪式，并追封为扬威将军。

锡吉尔珲

锡吉尔珲（1841—1910），瓜尔佳氏，字笔臣，又称锡老大人，锡伯营正红旗人。因他天禀聪颖，才学兼优，在牛录当差又很勤奋，故于同治四年（1865）补放锡伯营领队档房委笔帖式，是年24岁。

锡吉尔珲青年时期便经历了战火纷飞的艰难岁月。在腥风血雨的年代中，锡吉尔珲始终站在人民的一边，经受了生与死的考验，成为一名爱祖国、爱民族、反抗沙俄殖民统治的无畏战士。

▲

锡伯家庙门

沙俄侵占伊犁后不久，锡吉尔珲等一批锡伯族官兵不堪忍受沙俄的殖民统治，在总管喀尔莽阿的统一指挥下，秘密离开伊犁，几经周折投奔于塔尔巴哈台军营内。光绪五年（1879）被任命为锡伯营正蓝旗骁骑校，同年八月，升任正黄旗防御。光绪七年（1881）七月，升任正蓝旗佐领。光绪八年（1882），伊犁将军金顺率军进驻伊犁，开始恢复八旗驻防制度。光绪九年（1883）五月，锡吉尔珲被移拨至伊犁新满营，并任命为惠远城新满营正蓝旗（七牛录）协领。此后，又多年担任过伊犁将军府文案处文案总办。光绪三十年（1904）十月，署理厄鲁特营领队大臣之职。光绪三十二年（1906）八月，清政府正式任命他为索伦营领队大臣，并授予副都统衔。宣统二年（1910）病逝于惠远城，终年69岁。

锡吉尔珲作为一名清朝在伊犁的高级官员，任职几十年中，持务公直，多务民事。

锡吉尔珲又是一位热心于教育事业、汉文造诣颇深的著名文人。他在清末社会大变革的动荡时期，顺应近代新思想的客观要求，积极主张发展社会文化事业，提倡学习汉文化，注重新式教育。后人为了纪念他对锡伯族文化教育事业所做的贡献，1917年在锡伯营正红旗成立了以他名字命名的“锡公学校”。

他在文学创作上也有一定的影响。他创作的史诗《锡伯族由东北西移时之离乡曲》，原文为汉文，有120行。

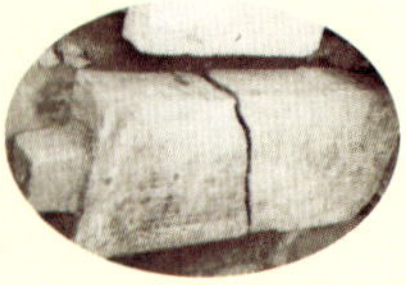

锡伯家庙石碑

色布喜贤

色布喜贤（生卒年不详），近代锡伯族杰出的教育家。色布喜贤从小学习刻苦，博览群书，文武双全，曾在锡伯营中任文书和翻译，后来升任索伦营总管。光绪八年（1882），清军收复伊犁，将军金顺进驻，给伊犁各部落、各营官兵补发了一笔资助款。他利用这笔钱款，在锡伯营八个牛录相继创办了公办学校，并不断扩大办学规模，丰富教学内容。这是西迁锡伯族进行义务教育的开端。在此之前，锡伯族尽管有教育活动，但多为私塾教育，受文化教育的人为数不多，教学内容也仅限于国语、骑射。色布喜贤十分注重汉语教育，为培养锡伯语、汉语兼通的人才做出了贡献。随着各民族交往的日益密切，各民族互学语言已刻不容缓。色布喜贤深谋远虑，提出发展双语教育的构想，从选编教材到聘用教师都贯彻这一原则。学校一方面聘请汉族教习，另一方面选派德才兼备的学生到惠远城学习汉语文。教授内容有《诗经》《三字经》《千字文》、四书五经等。色布喜贤认为，在民族地区，道德教育的重点是进行民族团结教育，他要求各民族师生以礼相待，以诚相处，做到互帮、互学、互尊、互爱。他还特别提倡热爱祖国、尊师重教、尊老爱幼、热爱劳动、肯于吃苦等中华民族的传统美德。色布喜贤还十分重视女童教育，在他的积极倡导和努力下，专门建立了一所女子学校，招收锡伯族女童入学念书。从此，结束了锡伯族女童不进学堂的历史。光绪年间，在色布喜贤的建议下，国家出资选派锡伯族学生留学俄国，培养了一批又一批兼通俄文的翻译人

锡伯家庙石碑座

才。在色布喜贤先进的思想影响下，锡伯族中形成了学习多种语言的教育传统。锡伯各牛录相继成立“兴学会”，积极倡导男女平等接受教育，创办油印的锡伯族文化刊物，介绍先进思想，传播进步文化。

现代人物

管兴才

管兴才（1894—1963），字祯器，瓜尔佳氏，伊犁察布查尔锡伯自治县，著名的民间诗人。

管兴才

管兴才在惠远城度过一段最困难的生活后，在锡伯营领队档房处找到一宗差事，并在公余时间开始自学，很快熟读了四书五经。后又自学了汉、满、蒙古等语言。由于他语言文字方面的才华颇深，被察哈尔营总管诺罗所看中，邀请他到博罗塔拉当通事（翻译）。几年后，因水土不服，他请长假返回惠远城。不久厄鲁特营领队大臣请他到昭苏充当笔帖式、兼任蒙古小学教师。管兴才在昭苏10多年，1944年才返回家乡，并在堆依齐牛录小学任教。新中国成立后，他在察布查尔锡伯自治县任区政府秘书，后调任县政府文字改革委员会工作，退休后病故。

管兴才先生在昭苏工作期间，由于他精通蒙古文，并能看懂藏文佛典，活佛经常请他给喇嘛们讲授佛教经典。他广泛搜集资料、考证历史，曾著《昭苏县简史》《厄鲁特营史》《昭苏喇嘛庙沿革》等书。可惜这些书在后来都已散失。

管兴才先生擅长诗歌写作，三区革命后，为当地农村俱乐部写了不少脍炙人口的反映锡伯族群众生活的演唱材料和诗歌作品，如《猎歌》《接新娘》《十二月之歌》《婚礼歌》等，并创作和翻译了秧歌剧、戏剧作品，供村秧歌队演出。新中国成立后，

1956年管兴才赴长春工作、学习合影留念

他参与创办了油印综合刊物《文化的动力》，宣传党的方针政策，介绍先进的汉族文化，创作了不少诗歌和其他体裁的文学作品。管兴才先生的诗作贴近生活，语言精练，韵律和谐，形象生动，深受群众欢迎。

史诗《西迁之歌》是管兴才先生的代表作，共548行。这部史诗性作品是在民间流传的多种《迁徙歌》的基础上，进行再创作的不朽之品。1981年在新疆维吾尔自治区和全国30年来少数民族优秀文学作品评奖中，《西迁之歌》被评为一等奖。

管兴才先生翻译了20多部文学作品。其中有长篇小说《新儿女英雄传》《暴风骤雨》《吕梁英雄传》《高玉宝》《李有才板话》《清史演义》等。这些翻译作品有的已由新疆人民出版社出版，一部分在锡伯族民间广泛流传。

关俊彦

关俊彦

关俊彦（1885—1971），字选庭，化名毅如、立川，辽宁开原大湾屯人。

1907年春，他考入开原县立学校。同年9月考入奉天省农业学堂，翌年10月毕业。1910年7月，关俊彦应吉林省延边道初等农业学校邀请，到延边办学。1919年3月14日—4月2日，关俊彦参加了声援朝鲜反日民族独立运动。1924年12月，关俊彦任和龙县教育局局长，直至1931年。

1931年，九一八事变后，关俊彦为寻求救国的道路，由地下党员李常青介绍，参加了党的外围组织“反帝大同盟”。1936年8月，他经李常青、董昆一介绍加入了中国共产党。自此，到1942年6月，他一直是以社会职业为掩护，积极从事党的地下工作。

关俊彦墓

1936年8月，关俊彦到甘肃省平凉专员公署任秘书，并在东北军的军政人员中秘密开展“团结抗日”的政治思想工作。1937年3月，关俊彦随东北军撤到甘肃，后返回北平。

1942年7月2日，关俊彦等20余人相继被捕。关俊彦被捕后，每天受审两次，受尽各种酷刑。后经组织营救出狱。

1948年6月17日，关俊彦受组织委派组建吉林省高等法院并担任院长。1955—1966年，担任吉林省人民政府副主席、吉林省副省长、政协吉林省三届委员会副主席等职。在负责民委、统战工作期间，他经常带领科长和秘书亲自选择满族和回族聚居的扶余（今松原市）、锡伯族聚居的前旗调查。1971年1月9日，他带着对党和国家命运的满腹忧虑，永远地离开了他为之奋斗一生的吉林人民，终年86岁。

关靖寰

关靖寰（1903—1990），又名关文英，瓜尔佳氏，蒙古镶黄旗人。原籍沈阳城北小营子村（今沈阳市沈北新区尹家乡小营子村）。1926年考取沈阳师范讲习科，开始接受新思想教育，后又考取沈阳讲武营第七期。1928年，投笔从戎，参加东北军。1931年抗击日本侵略军，参加过山海关、热河、冷口、喜峰口、古北口等战役。1937年转战华北各地。参加中

关靖寰

共地下组织。1942年以常恩多为师长，万毅、郭维城为副师长，关靖寰为三三三旅旅长，坚持滨海地区的抗日斗争。1945年8月受罗荣桓指示，组建“东北挺进纵队”，万毅为司令员，关靖寰为参谋长。后为东北人民解放军一六九师师长，黑龙江军区和龙江军区副司令员。抗美援朝时为东北军区后勤部副部长兼参谋长。后曾任吉林省林业厅厅长、吉林省人大常委会副主任、长春市锡伯族联谊会顾问。

李芳

李芳（1909—1987），原名关玉梅、关碧云，沈阳市沈北新区兴隆台锡伯族人。她是锡伯族第一位女共产党员。1927年加入共青团，1930年5月加入中国共产党。她自18岁就走上革命的道路，从事共青团满洲省委机关的地下工作和妇女运动。1934年5月被派到莫斯科东方大学深造。回国后在抗联二军任团政委、道南特委委员、妇委书记等职。新中国成立后，任舒兰矿务局工会副主席。她革命一生，临危不惧，不愧为巾帼英雄，锡伯族的杰出代表。李芳于1987年病故，终年78岁。

李芳

安子瑛

安子瑛（1915—1942），安佳氏，索伦营人。他幼年时曾在惠远高等学堂初级班学习，16岁毕业后回家务农。1934年，新任伊犁屯垦使邱宗浚依仗权势，欺压百姓，为筹建“公署”强行霸占安子瑛家在伊宁的半壁宅院（原为俄罗斯天主教堂）。安子瑛产生了与黑暗社会挑战的决心，并选择了投奔迪化（今乌鲁木齐）求学的道路。

1935年上半年，安子瑛安顿好家事，赶到迪化，参加新疆学院入学考试，结果榜上有名。同年7月，安子瑛又取得了赴苏联留学的资格，8月即动身到苏联塔什干中亚大学攻读法律专业。两年后毕业回国，并在新疆反帝会任干事，不久，升任反帝会农牧科长。

安子瑛在苏联学习期间就接受了马列主义教育，回国后在王寿成、王宝乾等人手下工作，又与延安派来的中共党员林基路等频繁接触。安子瑛多次参加反帝总会召开的学生暑、寒假返乡工作报告会和决定重大事宜的领导会议。1941年，安子瑛还亲自组织一个由锡伯族进步青年组成的宣传队，到伊宁、霍尔果斯、河南县（今察布查尔锡伯自治县）等地宣传抗日，号召群众有钱的出钱，有力的出力，支援全民抗日斗争，从而大大地激发了锡伯族人民抗日救国的热情。

安子瑛自接任新疆锡、索、满文化促进会会长后，工作更艰巨，更繁重了。他在反帝会组织锡伯族学生开展各种文化活动，办墙报，编辑印刷锡伯文《曙光》刊物，在伊犁成立锡、索、满文化促进会分会。1941年8月，安子瑛第二次来伊犁，在河南县、巩留、霍尔果斯等县成立了锡、索、满文化促进会分会，动员锡伯族子女到省城迪化去学习。为了尽快改变家乡的落后面貌，安子瑛与索伦营老人们商选好地形，商订建筑规划，发动群众打墙盖屋，修路种树，将分散在各处的锡伯、索伦人移住新建的村镇里，并取名“伊车嘎善乡”。

1942年3月，安子瑛以所谓“赤党分子”“组织暴动”等罪名被逮捕入狱。不久，被秘密杀害，年仅28岁。

松林巴尔

松林巴尔（1915—1945），郭勒佳氏，又名郭松林，出生于新疆伊宁县。1935年，松林巴尔在迪化经考试取得了赴苏联留学的资格。同年8月，前往苏联塔什干留学。1938年学成回国后，分配到新疆学院，任数学、物理、化学教员。在新疆学院结识了中共党员林基路同志。他与安子瑛一起向群众宣传抗日救国、反剥削反压迫之道理，进行各种革命

松林巴尔

活动。

1942年3月，盛世才公开投靠蒋介石，松林巴尔以所谓“赤党分子”“组织暴动”等罪名被逮捕入狱。松林巴尔面对惨无人道的酷刑，宁死不屈，坚持斗争。1944年10月，吴忠信到新疆地区执政，松林巴尔获释出狱。同年底，伊犁、塔城、阿勒泰三区革命爆发后，松林巴尔回到塔城，积极动员锡伯族、达斡尔族青年参加民族军，并于1945年初，组成锡伯、达斡尔骑兵排，松林巴尔被任命为民族骑兵旅侦察科长。他侦察行军路线，查明和丰、布尔津、阿勒泰驻防敌军的防御情况，为民族军提供了准确的情报。

1945年9月，骑兵旅到达和丰城外，配合主攻部队攻占和丰县城。战役开始后，松林巴尔就在这次突破敌人防御的战斗中光荣牺牲，为解放新疆献出了年轻的生命，时年30岁。

松林巴尔牺牲后，被追认为革命烈士。

苏文

苏文（1916—2008），姓瓜尔佳，名鹏飞，生于沈阳开原八宝乡大湾屯。1936年10月参加革命，1937年4月加入中国共产党，原国家物资总局国防军工局局长。1983年离休。

苏文

1933年毕业于开原育斌中学，后考入北平东北中学。1935年苏文投身于中国共产党领导下的学生救亡运动。1936年在东北中学发动组织民族解放先锋队。1937年2月，参加了红军抗日军政大学。1938年2月转入新建的宁夏省工作委员会。1941年被分到冀鲁豫军区供给部财政科当会计，同年10月派到红河支队供给处任财政股长、供管股长、团供给主任。1945年4月调到豫东军分区供给处任副处长。1946年3月撤到东满延边，任石岘兵工第六厂厂长，又任东北军工部材料处处长。1948年11月沈阳解放后，接收国民党九〇兵工厂，改为沈阳兵工总厂，任经理处处长。1956年去苏联学习，1957年回国继任厂长。

1960年由经委副主任的岗位被推荐调到物资部任七局副局

长、局长。1967年被任命为物资部七局革委会主任。1968年5月物资部撤销，到河南罗山“五七”学校任指导员、生产组长。1970年调北京军区国防工业办公室任第一主任。1978年调到国家地震局任政治部主任，后又调到物资总局国防军工局任局长。1983年离休，副部级待遇。

苏文（左三）

傅雨田

傅雨田（1915—2003），原名傅文钟，沈阳新民市老河牛录人。

1929年秋，年仅14岁，就参加了中国共产党的外围组织互济会，从事党的秘密工作。1931年9月，在北平（今北京）从事革命活动。1933年6月，因叛徒告密，年仅17岁的傅雨田被国民党反动派拘捕入狱。在狱中党支部的领导下，他积极参加反“反省”和绝食斗争。在“狱中党校”学习革命理论，进一步增强了共产主义的信念，提高了理论水平。经过狱中斗争的严格考验，1934年1月转为中国共产党党员。

傅雨田

1936年10月，傅雨田经党组织营救出狱，被分配到绥东前线江和县工作。不久转到太原牺盟会市委，任中共中央北方局直接领导的山西省公开工作委员会委员，并先后任山西抗日牺牲救国同盟会常委、太原市委组织部长、山西青年抗敌决死队一纵队大队（营）教导员、总队（团）政委、纵队（旅）政治部主任、三纵队（旅）政委。

1941年春，傅雨田赴延安，先后在军政学院和中央党校一部学习。1943年调中央党校二部工作，任秘书科长、组教科

1937年傅雨田同志在山西青年抗敌队做报告

长。参加了延安整风运动和大生产运动。1945年5月，作为正式代表参加了中国共产党第七次全国代表大会。

1952年7月—1955年12月，任中共中央东北局直属长春市委书记兼市长。1956年1月—1958年9月，担任国家城市建设总局副局长、中央城市建设部部长助理。1958年10月，调任中共广西僮族自治区党委常委、自治区副主席。1978年12月，调任江西省委书记、省革委会副主任，1979年12月在恢复建立省人民政府时，被选为省政府常务副省长。

傅雨田在74年的革命生涯中，对共产主义具有坚定的信念，对党和人民无限忠诚。他虽几经坎坷，身处逆境，但百折不挠，从不抱怨，高风亮节，光明磊落，勤勤恳恳，生命不息，奋斗不止，最终病倒在工作之中。

关鹤童

关鹤童（1920—1991），1920年出生于吉林省延吉县，瓜尔佳氏。

1938年2月，他经武汉东北救亡总会介绍到武汉八路军办事处奔赴延安，在抗大学习，1938年7月入党。1938年下半年到鲁艺，先后在鲁艺音乐系学习和工作，担任支书、助理员、研究生、音乐部秘书等，其间曾赴绥德地区三五九旅奋斗剧社任股长并兼教员。1945年9月日本投降后，在党中央战略部署下参加从延安开赴东北的干部团，先后任黑龙江省军区政治部股长、黑龙江省军区司令部秘书、军区政治部文工队队长、省委土改工作队

关鹤童

长、县委宣传部长等职。

1948年5月—1959年10月，历任吉林市德胜区区委书记兼区、市劳动局局长，市计委秘书长，吉林市副市长兼市政协副主席，市民委主任，省民委副主任等职。1959年底，在中央党校理论班学习时任支书。1964年，经周恩来总理批准，协同安波等同志组建中国音乐学院，关鹤童任院党委副书记和副院长。1965年9月，他参加中国音乐家代表团出访苏联、波兰等东欧六国。1975年底任职中央音乐学院副院长、中央芭蕾舞团领导小组组长、党委书记。后调任文化部艺术局任副局长。1978年，他带领中央歌舞团出访拉美六国。1981年，接受部党组委托组建少年儿童文化艺术司，任司长。l982年到1985年，任文化部民族文化司司长。

1985年初离休。关鹤童曾任中国音乐家协会四届理事、延安鲁艺校友会副秘书长、聂耳冼星海学会理事，中国函授音乐学院副院长、中国东方文化研究会理事、中国延安精神研究会文化活动委员会副主任委员、中国国际文化传播中心副总干事长兼社会教育部主任。

郭基南

郭基南，1923年出生，郭若罗氏，新疆伊犁人，著名作家。1939年秋在乌鲁木齐进入茅盾等人主办的培养新疆各族文艺人才的中心——文化干部班学习，郭基南的文学创作生涯由此开始。他以锡伯文和汉文进行创作，同时通晓维吾尔文。1941年所作抗日话剧《满天星》和《在太行山下》，曾在新疆各地上演。散文作品有痛斥德、意、日法西斯的《月下闲谈》等。1942年，创作了小品《夜鼠》和反映锡伯族劳动人民悲惨生活的诗篇《车夫怨》。1944年11月，创作了《母亲》《羊的故事》《鼻子的纠纷》等小说和诸多诗篇。1947年创作的多幕话剧《察布查尔》，描写锡伯族先辈在祖国西陲艰苦奋斗，戍边屯垦，开凿察

郭基南

郭基南（前排左六）文学创作生涯座谈会

布查尔大渠，发展农业生产的业绩，这一剧作引起文艺界和观众的瞩目。中华人民共和国成立后，先后创作《伊犁春色》《小两口》《准噶尔新图》等作品。1963年调中国作协新疆分会从事专业创作。现已出版的诗集有《心之歌》《准噶尔新图》等。组诗《彩色的花环》获第二届全国民族文学创作奖，部分诗作已被译成日文。

苏富林

苏富林，1924年出生，乳名巴斯公谦，苏慕禄氏，新疆伊犁堆依齐牛录人。伊犁、塔城、阿勒泰三区革命爆发后，加入青年组织。1948年在伊犁锡、索文化促进会工作。新中国成立后，于1950年9月到中共新疆分局干部学校（即自治区党校前身）学习。1951年8月毕业后，分配到中共特克斯县委从事财会工作。1953年调特克斯中学任教。1959年调特克斯县人民政府农牧科任农村财会辅导员。1970年调特克斯县运输公司任经理。1976年因病退休。

苏富林是一位德高望重的文化人，自1976年病退后，他一边治病，一边收集、挖掘锡伯族的文化遗产和民间故事。他几十年如一日，不辞辛苦地自费跑遍了伊犁地区的八县一市，收集整理了近80万字的历史资料和文化遗产，并自费刻印7册资料（命名为《点滴凝成的宝典》），共印560本，流传于民间。经有关部门审阅后，认为是极其珍贵的资料。1983年新疆维吾尔自治区首届（1977—1982）民间文学作品评选中，《积少成多》荣获二等奖。同时，他还收集整理了锡伯族民间故事60篇，民间情歌300首，锡伯族240多个历史人物的资料。1985年，新疆人民出版社出版了他的《锡伯族民间故事》，1990年出版了《锡伯族名人录》一书。他被中国民间文艺家协会新疆分会吸收为会员，并荣获伊犁地区“老有所为精英奖”荣誉证书。

他利用业余时间，翻译了汉文古典演义小说，如《薛刚反唐》(11册)、《文天祥》等。

韩启昆

韩启昆

韩启昆(1925—2010),出生于沈阳市于洪区马三家镇边台村。1953年毕业于东北师范大学汉语言文学系,原沈阳教育学院教授。沈阳市政协第二届至七届委员、沈阳市民委委员、中国语文教学法学会会员、沈阳市语文教学法学会会长、新疆锡伯语言学会理事、辽宁省少数民族教育研究会理事、辽宁省锡伯族史学会副理事长、沈阳市锡伯族联谊会顾问。曾被聘为中国国际经济文化发展研究中心高级研究员、北京亚视艺苑文化研究院聘任终身研究员。

大学毕业后分配到沈阳市第一中学任语文教师、语文教研组长。1956年3月调沈阳市中学教师进修学院讲授苏联文学,同年8月受沈阳市教育局委派参加教育部召开的中学语文实行文学、汉语分科教学会议,其后任教学研究员,从事中学语文教学研究。1958年8月—1963年4月,调沈阳市教育局教研室、教师进修学院任教学研究员。"文化大革命"中后期调到沈阳二十中学、大东区教师学校任教。1978年党的十一届三中全会后调到沈阳教育学院,讲授中学语文教学法,任教研室主任、高中语文骨干教师培训班主任。对沈阳市中学语文教材建设、中学语文教学质量提高、中学语文教师培养均做出了重要贡献。工作30年时获辽宁省人民政府颁发的"忠诚于人民的教育事业"荣誉证书。

1981年10月,韩启昆(前排左六)出席察布查尔锡伯自治县召开的锡伯语言学会

何耶尔·兴谦

何耶尔·兴谦,1926年出生,字益斋,何耶尔氏,新疆伊犁依拉齐牛录人。新疆维吾尔自治区作家协会、自治区民间文艺家协会和伊犁哈萨克自治州民间文艺家协会会员。1948年,在伊犁阿

何耶尔·兴谦 ▶

合买提江专科学校锡伯高中班学习，毕业后即在宁西县（今察布查尔锡伯自治县）七牛录小学任教。新中国成立后调到一牛录小学任教。1952年到中共新疆分局干校学习，毕业后在宁西县锡伯中学任教。1957年调金泉公社中心学校任校长。他创作了几百首诗歌，改编十多部长篇叙事诗和几十种演唱脚本、秧歌剧等。代表作有《苏花之吟》《喀尔莽阿》《海兰格格》等。《海兰格格》（长篇叙事诗），1983年在新疆维吾尔自治区首届民间文学作品评奖中荣获三等奖。他还擅长美术创作，以锡伯族西迁历史为背景的几十幅《西迁组画》，多次在县、地、州以及自治区参加展览，受到各界人士和群众的好评。

葛治华

葛治华，1927年出生，沈阳人，医学专家、教授。1955年毕业于中国医科大学医疗系后到上海第一医学院（今上海医科大学）任教，历任附属中山医院医生、微生物学教研室助教、讲

葛治华 ▶

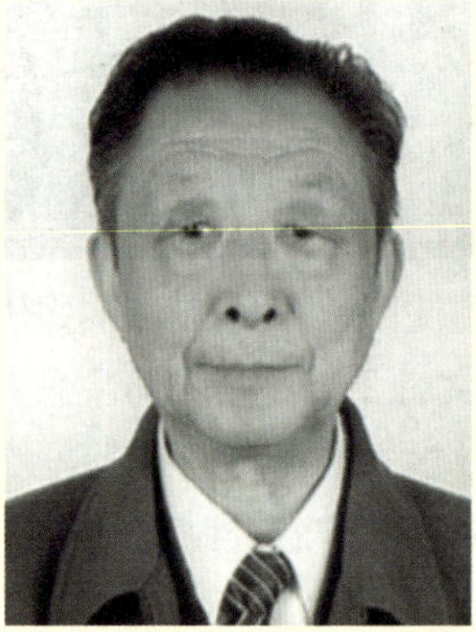

师、副教授、教授。1958年，葛治华开始参加肝炎病毒的研究工作，该项研究与解放军253医院合作，荣获卫生部1982年科研成果三等奖。葛治华的研究具有重要的临床意义，对提高全民健康状况做出了贡献。1984年以后，葛治华又把主要精力放到对人类巨细胞病毒（HCMV）的感染、潜伏、激活、母婴传播及HCMV分子病毒学的研究中。1986年，他作为访问学者到苏联莫斯科伊万诺夫斯基病毒研究所工作。葛治华治学严谨，潜心科研，取得丰硕的成果，发表论文30余篇，著作有《乙型肝炎病毒及其抗原抗体系统的研究》《单纯疱疹病毒、水痘带状疱疹病毒感染的免疫学》《人体巨细胞病毒感染的免疫学》《巨细胞病毒分子生物学》及《肿瘤

病毒学》(部分章节)等，译著有《传染性肝炎与血清肝炎》。葛治华还热心科普教育工作，历任中国微生物学会科普教育工作委员会委员、中华医学会上海病毒学会理事、国外医学《微生物学册》常务编委、中国医学百科全书《基础医学》编委。

哈焕章

哈焕章

哈焕章，1928年出生，笔名哈拜，哈斯呼里氏，新疆塔城人。现为中国作家协会会员，中国少数民族文学学会常务理事。1950年新疆学院外语系俄语班毕业，曾任伊犁地区阿拉吐拜公社、哈拉吐拜公社党委书记。1973年调任民族出版社哈萨克文编译室副主任，1981年调中国社会科学院少数民族文学研究所，先后担任西北室主任，《民族文学研究》主编、编审。1984年出席首都民族团结表彰大会，1986年赴匈牙利进行学术访问，1999年出访哈萨克斯坦时获得“阿拜县荣誉公民”称号，1990年享受国务院颁发的“政府特殊津贴”。主要著作、译著有：审定哈萨克文版《毛泽东选集》1—4卷；参加编审《共产党宣言》《国家与革命》等马列著作哈文译本；著作有《阿拜和他的诗》，获1979—1989年中国少数民族文学研究成果优秀著作奖；译著《阿拜的故事诗》《阿拜诗选》《阿克利亚》《阿拜诗文全集》。创作诗歌《小毡房，你好!》等，电影文学剧本《牧芦新歌》。

扎·藏布

扎·藏布

扎·藏布（1928—2004），生于黑龙江省。日本东京美术学院留学，攻读雕塑、油画专业，1945年回国。1946年参加革命，从事解放区文艺宣传工作，在中国人民解放军总政治部、东北大学、鲁迅美术学院负责舞台美术、画刊编辑、记者和教学。

1979年创作油画《冰河解冻》《兄弟》引起反响。油画《露营之歌》由东北烈士纪念馆收藏，油画《土地》由吉林省博物馆收藏，油画《孟姜女》入选中国美术家协会、香港主办的长城画展、国际巡展。《射箭的锡伯姑娘》被中国体育美展展出、收藏。1982年创作讴歌锡伯族历史史诗《西迁》巨幅浮雕壁画，在北京展出（民族大家庭画展），引起轰动，荣获最高荣誉大金果奖，并被选进《中国壁画选集》。事迹被收入《中华人民共和国科技人才库》《中国名人录》《中国当代艺术家名人大辞典》《中国少数民族学者专家辞典》及《沈阳锡伯族志》。

扎·藏布油画作品——冬季的尖屋顶

那启明

那启明，1929年生于辽宁省凤城蓝旗乡蓝旗村。1947年11月入伍，在安东（今丹东）军区警卫团、独立一团、独立三师七团、一六五师四九三团二营四连历任战士、文书，华北军区二〇八师六二二团二营六连文化干事。1949年5月加入中国共产党。

那启明

1950年5月调空军学习飞行，历任飞行学员、飞行员、中队长、副大队长、副团长、团长，飞行学校副参谋长、副校长、副政委、政委，空军第三军政治部副主任等职。1983年5月离休。

1952年参加抗美援朝战争，在战备训练中，荣立二、三等功各一次。在抗美援朝空战中因击落敌机3架，荣立三等功一次、二等功两次。荣获朝鲜民主主义人民共和国三级国旗勋章一枚，1955年荣获解放奖章一枚。1956年调空军战斗飞行学校从事为部队培训飞行干部教育工作，为空军部队培训百余名夜间截击机飞行员。1989年荣获胜利荣誉勋章一枚。

1985年6月，应邀编撰《大连市民族志锡伯族卷》工作，并为辽宁省民族志锡伯族卷编委成员。1986年出席伊犁学术会议，选为新疆维吾尔自治区伊犁哈萨克自治州锡伯学会名誉会长。1987年成立辽宁省锡伯族史学会被选为副理事长、1988年成立辽宁省锡伯族史学会大连分会被选为副会长兼秘书长，参与《大连

2004年8月，那启明（左三）察布查尔锡伯自治县考查，与当地锡伯族合影留念

民族志》锡伯族部分内容的撰写，该书于2002年由辽宁民族出版社出版。从1988年9月开始，对丹东市辖的凤城、东沟（今东港市）、岫岩等县进行了全面的调查，先后撰写了《锡伯族在凤城》《东沟县锡伯族社会历史调查》《岫岩县锡伯族社会调查》，在此基础上撰写了《丹东锡伯族志》，由丹东市民委纳入了民族志出版系列，于1998年12月由辽宁民族出版社出版，荣获大连市第九届社会科学优秀学术成果著作类优秀奖。1992年组织编撰《锡伯族图录》工作，在各方面支持下，此书于1994年11月由民族出版社出版。潜心20年收集整理的二百余万字《中国锡伯人》（上、下卷）一书，于2010年在辽宁民族出版社出版。

1987年6月被沈空政治部评为优秀共产党员，1989年6月获全国"老有所为精英奖"。《丹东日报》《沈阳日报》《空军报》等媒体都报道了获奖事迹。空军政治部出版的《一百个银头盔》，总政治部出版的《未完的征程》两本书，均以报告文学形式赞扬了那启明离休后继续为人民服务的先进事迹。1997年11月出席辽宁省少数民族古籍工作会议，并被评为古籍工作先进个人，介绍了《余热生辉》的论文，同年被评为空军先进离休干部。

关在汉

关在汉，1933年10月生于辽宁省法库县丁家房乡大泉眼村。大学学历。辽宁省监察厅原副厅长，正厅级、教授。中国农工民主党党员，农工党辽宁省委常务副主委，中国农工民主党十一、十二届中央委员，第九届全国政协委员、辽宁省政协五至八届常委兼社会法制委副主任、省老科联纪检和监察分会会长、省悬壶济世工程协会常务副理事长、省高级人民法院执法监督员、沈阳市锡伯族联谊会理事长。2003年2月退休。

关在汉

1959年他从东北师范大学化学系毕业后，分配到辽宁大学化学系任教。同年，被学校派往吉林大学化学系物理、化学专业进修，参加研究生班学习，任班长。1961年底回辽宁大学化学系从事教学工作。先后任系常务委员会委员、物理、化学教研室副主任、主任。

关在汉(左)同艺术家关坤凡合影留念

1983年6月，关在汉奉调离开学校，任辽宁省民族事务委员会副主任兼辽宁省民族研究所所长、《满族研究》杂志主编。

何志武

何志武

何志武，1933年10月生于辽宁省凤城宝山乡小四台子村。1947年8月入伍。中共党员。入伍后在孤山保安团、独立三师九团、一六五师四九五团、二〇八师六二四团任战士、通讯员，参加过解放沈阳的战役。1950年10月参加抗美援朝战争，荣立三等功一次。1953年升任排长，1956年被选入海军专科学校学习，毕业后分配到快艇工作。

1985年8月任北海舰队旅顺基地副司令，1988年7月，被中央军委授予少将军衔。1989年9月，在海军指挥院校学习，1990年9月，中央军委任命为旅顺基地司令员，1995年4月离休。

1955年获解放奖章一枚。1990年获胜利功勋荣誉章一枚。1990、1991年先后受到党和国家领导人杨尚昆主席、江泽民总书记的接见。

吉庆

吉庆（1936—2006），新疆屯留县（今察布查尔）乌珠牛录人。1953年毕业于西北人民革命大学。从1961年起，先后任察布查尔锡伯自治县县长、县委副书记、革委会主任等职。1977年调伊犁哈萨克自治州广播局任局长、党组书记。1981年调伊犁师范学院任副院长。1988年任伊犁哈萨克自治州人大常委会副主任。

吉庆

关捷

关捷，1936年生于沈阳市苏家屯文成堡村。研究生学历，中共党员，大连民族学院教授，大连市锡伯族学会会长。

1953年由沈阳第二师范学校毕业后参加工作。1956年考入辽宁大学历史系，1960年毕业后留校任教，同年考上中国人民大学近代史研究生，1963年毕业，返回辽宁大学任教。1985年经国家民委调任东北民族学院（后改为大连民族学院）任副院长，参与筹建东北民族学院工作。还先后兼任沈阳工运学院、大连大学、同济大学教授。享受国务院特殊津贴待遇。现任大连民族学院学科建设委员会委员、东北少数民族研究院顾问兼研究员。

关捷

关捷在高等院校任教近40余年，涉猎中国近百年历史领域，合著或主编的著作有《中国近代史》《甲午中日海战史》《甲午中日陆战史》《甲午中日战争人物传》《海峡两岸〈马关条约〉百年学术讨论会论文集》以及《甲午国耻丛书》(6册)。自撰《甲午风云与近代中国》等系列专著，填补了甲午战争史研究的空白，此外，还发表《〈资政新篇〉再析》《甲午战争前中日海军力量之对比》《刘坤一与甲午中日战争》《李鸿章与北洋舰队》《试论朱执信思想的初步发展》《辛亥革命前东北人民自发反抗斗争述略》《日本东北移民研究的几个问题》等论文。《辛亥革命时期辽宁革命派的斗争》《论民族地区乡镇企业发展的特点、问题及对策》分别获国家民委社会科学优秀奖和一等奖。

▲

《图说辽宁少数民族丛书·锡伯族》书影

近年来还审阅《锡伯族史论考》《沈阳锡伯族志》《丹东锡伯族志》。主编《辽宁省民族志·锡伯族篇》，于2000年由辽宁民族出版社出版。主编的《大连市民族志》2002年由辽宁民族出版社出版，主编《锡伯族图录》于1994年由民族出版社出版，主编《图说辽宁少数民族丛书·锡伯族》2009年由辽宁民族出版社出版。1987年出席辽宁锡伯族史学会成立大会，被选为名誉副理事长，1988年成立大连市锡伯族学会时被选为会长，1992年继任会长。期间联络广大族人，组织每年的西迁节活动，多次接待新疆等地锡伯族同胞来访。为东西两地锡伯族交流、辽宁和大连锡伯族和谐共同进步做出一定贡献。

丽梅

丽梅 ▶

丽梅，1936年生于新疆屯留县（今察布查尔），佟佳氏，民间歌手，又名李美。她与民歌结下了不解之缘，在演唱上逐渐形成了自己独特的风格，成为当地的著名民歌手。她曾多次参加过县、地区、州、自治区举办的民歌演唱会，优美动听的歌声传遍了天山南北，受到观众的热烈欢迎。

她自编自唱的民歌有2000多

首，其中《纯洁的爱情》《我爱祖国》《故乡之歌》《兄弟民族是一家》等300多首民歌已于1990年由新疆人民出版社结集出版。另有近百首民歌在县广播站多次播放。

杨震远

杨震远（1936—1999），杨吉里氏，新疆屯留县（今察布查尔）堆依齐牛录人，原任察布查尔锡伯自治县教师进修学校校长。1957年，从新疆语文学院俄语系毕业后分配到察布查尔锡伯自治县第一中学任教。1973年调县文化馆任美术干事、副馆长。

杨震远在美术、满文研究、文学创作诸方面都有一定的成果。其中，美术作品《努鲁西》在自治区美术作品评奖中获奖，被收入《中国现代美术家人名大辞典》。参与编纂《新满汉大词典》，与新疆大学教授图奇春先生合作编著《锡伯语语法》一书。他创作的文学作品有小说《两副面孔》《婚礼之后》，散文《古柳》，编辑锡伯文《小说选》（上、下集）。

广春兰

广春兰，1940年生于新疆河南县（今察布查尔）。1966年毕业于北京电影学院导演系，现任新疆天山电影制片厂导演（国家一级）。新疆维吾尔自治区优秀专家，享受终身国家级特殊津贴优秀专家。新疆电影家协会副主席、新疆对外文化交流协会理事、新疆维吾尔自治区政协海外联谊会副干事。新疆维吾尔自治区人大常委，新疆维吾尔自治区政协常委。

广春兰

1979年在上海电影制片厂《雪青马》《蓝色档案》摄制组任助理导演。1980年在南京电影厂独立执导彩色儿童故事片《宝贝》。1981年借调到天山电影制片厂，执导《幸福之歌》，该片是第一部反映新疆维吾尔自治区当代少数民族青年生活的影片。1982年执导《热娜的婚事》，1983年执导《不当演员的姑娘》，该片获1984年文化部“优秀影片荣誉奖”，1985年获土耳其伊斯坦布尔国际电影节“优秀影片奖”。1984

广春兰执导作品《不当演员的姑娘》宣传海报

年执导《神秘的驼队》，被誉为“中国第一部西部片”。1986年上半年执导《美人之死》，本片参加了埃及中国电影周和第十一届开罗国际电影节；下半年执导《孤女恋》。1987年执导《买买提外传》，该片获1986—1987年度广播电影电视部“优秀影片奖”，第八届“金鸡”特别奖，在摩洛哥、阿尔及利亚等伊斯兰国家受到热烈欢迎和高度评价。1988年执导《西部狂舞》，该片代表天山电影制片厂参加了第一届中国电影节。1989年执导《快乐世界》，该片在上海举办的农业电影节获“优秀奖”。1990年执导《男子汉舞厅的女明星》，获1991年在哈尔滨举行的冰雪电影节“优秀影片奖”。

1991年执导《火焰山来的鼓手》，该片获第四十二届柏林国际电影节“最佳儿童影片大奖”，1992年度广播电影电视部“优秀儿童影片奖”，1992年哈尔滨“冰雪电影节二等奖”，同时该片摄制组还被广播电影电视部授予“优秀摄制组”称号。1993年该片参加了马来西亚电影节，1995年参加美国芝加哥电影节，1994年在“首届全国少数民族题材影片评比大赛”中获二等奖。1992年执导《求爱别动队》，1993年执导《滚烫的青春》，该片引起很大反响。在拍片间隙，她认真总结艺术创作的经验体会，撰写了大量的艺术漫谈、艺术总结等方面的文章，在自治区和全国的各种报刊上发表。她还与别人合作创作电影文学剧本，其中的8部已拍成电影。

1984年赴香港参加中国电影节；1987年赴埃及参加中国电影周和第十一届开罗国际电影节；1989年赴乌兹别克斯坦和哈萨克斯坦进行中国电影展映和文化交流（此次展映的5部中国电影，其中4部为广春兰执导）；1991年、1992年两次赴德国参加第四十二届柏林国际电影节和文化交流；1993年赴台湾参加“两岸电影研讨会”；1995年赴韩国进行文化交流。

格吐肯

格吐肯，1944年出生，字山人、阿林，新疆宁西县（今察布查尔）人。中国书法家协会会员，新疆维吾尔自治区作家协会会员，曾任新疆维吾尔自治区书法家协会副主席。

格吐肯

格吐肯先生40年临池不辍，诸体皆能，尤精行草、狂草、榜书。其书法作品有较高的艺术欣赏价值。报刊上称他为书法界的奇才。

1986年格吐肯创造了锡伯文的“松魂体”“烟云体”“松烟体”，1995年根据满文32种篆字和汉文隶书字的特点创造了“虎劲隶”“清风隶”“绝壁隶”等八种锡伯文隶书字，总称为“格隶体”，从而填补了锡伯文隶书字的空白。2000年秋季创造了锡伯文章草，填补了锡伯文章草的空白。近年他创作了汉文不同书体、不同风格的100幅龙字、100幅虎字和锡伯文、满文不同书体、不同风格的100幅龙字、100幅虎字，堪称中国书法史上用三种不同民族文字书百龙百虎的第一人。

格吐肯的汉文、锡伯文、满文书法作品分别入选第三、第四、第五、第六届全国书法篆刻展、世界华人书画大展、中日书法交流展、中韩书法交流展等多次国内外重大展览。1996年荣获新疆维吾尔自治区文联授予的“新疆维吾尔自治区书法艺术贡献奖”。1998年被评为新疆书法家协会“德艺双馨会员”。

格吐肯书法作品

其传略和作品入选《当代中日书法汇观》《中国当代著名书画家珍品集》《中国当代百位实力派行书名家精品集》

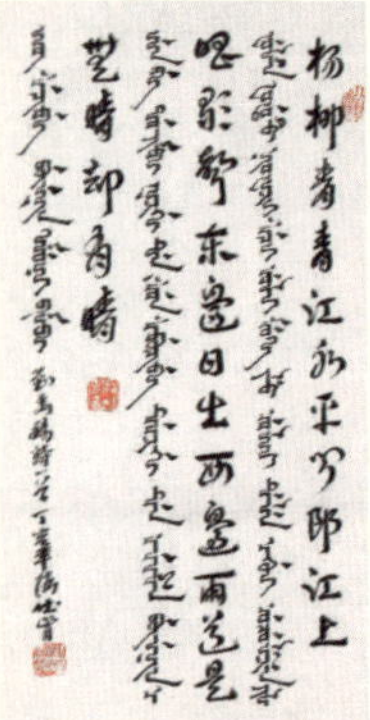

格吐肯书法作品

《中国历代书法家大辞典》等60多部书法集和名人录。

1989年新疆人民出版社出版了《格吐肯书法集》。目前，《格吐肯书法集》和作品已流传到美国、日本、加拿大、意大利、德国、俄罗斯、波兰、新加坡、韩国、泰国、荷兰等国家和香港、台湾地区。多幅作品被国内外收藏。

出版著作有《格吐肯书法集》、长篇小说《眼泪与露水》、叙事长诗《孤女沉怨》；发表了多篇民间故事和诗歌；发表论文有《初探锡伯族民间故事》《初论锡伯文书法》（获奖）、《论格隶体》等；与他人合编《满汉辞典》和《汉锡词典》。

佟钟时

佟钟时，1949年10月出生，辽宁沈阳人。大专文化，后在职就读于北京大学研究生院（行政管理专业研究生），中共党员。

佟钟时

1963—1968年在沈阳市第八中学读书，任班长及学生会干部。1968—1971年知青插队到西丰县天德公社雅言大队，任青年点点长。1971—1984年在辽宁省工业工程安装公司先后任起重工人、施工队副队长、团总支书记、公司经理办公室主任，公司党委副书记等职。1984—1986年参加辽宁省委党校培训班学习，其间曾被评为优秀学员干部。

1986—1992年，在辽宁省民族事务委员会（宗教局）任办公室副主任、主任。1992—1994年，任本溪满族自治县县委副书记。1994—2003年，任辽宁省民族事务委员会（宗教局）副主任（副局长）。

2003—2008年，任辽宁省民委（宗教局）主任（局长）、党组书记，其中2007年兼任辽宁省政协民族和宗教委员会主任。2008年至今任辽宁省人大常委会委员、民族侨务外事委员会主任委员。

2009年被评为全国民族团结进步先进个人，国务院授予“先进个人”称号，参加了中华人民共和国建国60周年国庆观礼，受到了党和国家领导人的亲切接见。

赵春生

赵春生（1947—2005），乳名阿哥拜，出生于新疆宁西县（今察布查尔）依拉齐牛录。

1966年毕业于伊犁农校。1971年被保送到新疆维吾尔自治区党校学习。1973年后历任察布查尔锡伯自治县文工团创作员、县科委锡伯族语言学会干事、县广播电视局文艺编辑、县文化局文艺创作室创作员、县文化艺术研究所研究员。为新疆作家协会、新疆音乐家协会、新疆民间文艺家协会会员，二级作曲家。搜集、翻译并发表过40多篇民间故事和近百首民歌；创作过一百多首（部）歌曲、舞蹈等音乐作品；编辑出版了《锡伯族创作歌曲集》（合编）、《新歌曲集》（合编）等两部书，以及《锡伯族民歌专辑》《锡伯族戏曲专辑》《锡伯族歌曲》等音乐磁带作品。在区内外报纸杂志上发表过30多篇中短篇小说和40多篇各类文章。传略被《中国当代文学新人集录》《中国当代艺术界名人录》《中华人物辞海·当代大文化卷》《科学中国人·中国专家人才库》等辞书收录。

赵春生

关伊梅

关伊梅，1949年12月出生，新疆宁西县（今察布查尔）人，中共党员，大学学历，现任新疆维吾尔自治区政协常委。

1966年6月—1970年9月，在察布查尔锡伯自治县四乡医院工作。1970年12月—1974年6月在上海复旦大学经济系政治经济学专业毕业。1974年6月—1980年3月，在察布查尔锡伯自治县知青办工作，任党支部书记。1980年3月—1984年4月，任察布查尔锡伯自治县宣传部副部长。1984年12月—1996年4月，任中共伊犁哈萨克自治州地委

关伊梅

委员。1984年4月—1985年4月，任察布查尔锡伯自治县县委组织部副部长。1985年4月—1992年1月，任察布查尔锡伯自治县县委副书记、政法委书记。1992年1月—1996年4月，任伊犁哈萨克自治州地区人口和计划生育委员会主任、党组书记。2001年10月—2006年10月，任新疆维吾尔自治区党委候补委员。1996年4月—2008年1月，任伊犁哈萨克自治州人大常委会副主任。2008年1月至今，任新疆维吾尔自治区政协常委。

由于工作业绩突出，获得很多成绩。1966年10月1日被推选为锡伯族国庆代表，参加中华人民共和国建国17年庆祝活动。1969年被评为州级树立的“十面红旗手”。1970年被评为“上山下乡知识青年标兵”。1987年被选为中共十三大代表。1992年被选为中共十四大代表。1993年被命名为“全国计划生育工作突出贡献者”称号。1994年被评为“全国计划生育优秀工作者”。1995年入选《新疆少数民族英才》画册。

华肖昌与文兰

华肖昌，1953年出生，笔名阿吉·肖昌，华西哈尔氏，新疆察布查尔纳达齐牛录人。1971年被县文工团聘为演员。先后到乌鲁木齐、北京、上海等地艺术院校参加舞蹈编导、舞台美术和作曲理论的培训和深造。自1978—1990年，他先后创作编导了近十部舞蹈、舞剧等作品，并完成了配套服装设计。此外，他还创作了不少锡伯族音乐作品。1990年在自治区首届“丝路之花”舞蹈大奖赛中，肖昌共获得编导、作曲和服装设计三项优秀奖。他是中国舞蹈家协会新疆分会、中国音乐家协会新疆分会会员。

华肖昌

文兰，1956年出生，伊拉里氏，新疆察布查尔人。1970年进入县文工团从事艺术工作，1973年考入新疆艺术学院舞蹈系。国家三级舞蹈编导；新疆舞蹈家协会会员；伊犁哈萨克自治州舞蹈家协会理事。先后参加了全国少数民族文艺会演，中国第三届艺术节，多次荣获表演金奖，优秀演员奖等。2010年被沈阳市沈北新区授予“十大杰出女性”称号。

2000年，为了抢救沈阳的锡伯族文化，华肖昌受沈北新区兴隆台镇的邀请，与爱人文兰一起来到沈阳，联手挖掘“原生态”文化。华肖昌和文兰是西迁锡伯族人的第九代后裔。多才多艺的华肖昌和文兰来到沈阳之后，一边在学校教学，一边在民间进行文化传承，经过多年的不懈努力，他们创编了许多作品，包括《喜利妈妈的传说》《锡伯族婚礼》《哈尔巴舞》《咱们锡伯人》《蝴蝶舞》《额木琴舞》等十多部具有锡伯族特色的歌舞，其中锡伯族少儿歌舞团排练的《蝴蝶与少年》获得过全国奖项，锡伯族歌舞《喜利妈妈的传说》在辽宁电视台春节晚会演出，引起轰动，并成功申报辽宁省非物质文化遗产。

文兰

沈阳“双百万”工程实施以后，更激发了肖昌和文兰的工作热情，他们带领自己的团队，在沈北新区文化艺术中心开办了锡伯族歌舞免费培训班，吸引了百余名锡伯族歌舞爱好者参加。他编排的由30名群众演员表演的歌伴舞《西迁之歌》，在全市艺术惠民成果展演晚会上，受到市领导的肯定和观众的好评。

吴元丰

吴元丰，1956年8月出生于察布查尔锡伯自治县。1975年毕业于察布查尔锡伯自治县第一中学，1978年、1986年分别毕业于北京故宫博物院明清档案部满文干部培训班和北京师范学院夜大历史系。现任中国第一历史档案馆满文部主任、研究馆员、全国古籍保护工作专家委员会委员，兼任中国民族语文翻译委员会副主任、中国民族古文字研究会副秘书长、中国民族史研究会理事、中国蒙古史研究会理事、北京满学研究会理事。长期从事清代满文档案的整理、编目、翻译和研究工作，

吴元丰

主持编译出版《清代西迁新疆察哈尔蒙古满文档案译编》《清代鄂伦春族满汉文档案汇编》《清康熙朝内阁蒙古堂档案》《清代珲春衙门档》和《清代边疆满文档案目录》等十余部档案史料和目录。同时，还研究满文历史文献、清代边疆史地、民族史和中国与琉球关系史，发表论文60余篇。

赵志强

赵志强，1957年出生于察布查尔锡伯自治县。现为北京市社会科学院研究员、满学研究所所长，兼任北京满学研究中心主任；北京满学会副秘书长、常务理事；中国民族古文字研究会会员、黑龙江省阿尔泰学学会会员、黑龙江省满—通古斯语言学会会员、黑龙江大学满族语言文化研究中心特聘研究员；北京市跨世纪理论人才“百人工程”成员；民进中央文化艺术委员会委员、政协北京市委员会常务委员。主要从事满学、清史研究，主要学术成果有专著《旧清语研究》（2003年，北京燕山出版社）、《清代中央决策机制研究》（2007年，科学出版社），合著《锡伯族简史》（1985年，新疆人民出版社）等，学术论文50余篇。

赵志强

参考文献

史籍文献

1. 沈阳市民委民族志编纂办公室. 沈阳锡伯族志. 沈阳：辽宁民族出版社, 1988

2. 佟克力. 锡伯族历史与文化. 乌鲁木齐：新疆人民出版社, 1989

3. 新疆维吾尔自治区伊犁哈萨克自治州察布查尔锡伯自治县政协文史资料委员会. 新疆锡伯族人物录. 2001

4. 佟加·庆夫, 佟林清. 锡伯族风情录. 乌鲁木齐：新疆人民出版社, 2004

5. 大连市锡伯族学会. 大连市锡伯族. 2004

6. 察布查尔县政协文史资料委员会. 察布查尔锡伯自治县文史资料（第二辑）. 2005

7. 新疆维吾尔自治区对外文化交流协会. 锡伯族民俗文化. 乌鲁木齐：新疆美术摄影出版社, 新疆电子音像出版社, 2008

8. 吴元丰, 赵志强. 锡伯族历史探究. 沈阳：辽宁民族出版社, 2008

9. 伊犁哈萨克自治州政协文史资料委员会. 伊犁文史资料（第26辑）. 2009

10. 关伟, 关捷. 图说辽宁少数民族丛书——锡伯族. 沈阳：辽宁民族出版社, 2009

11. 那启明, 韩启昆. 中国锡伯人. 沈阳：辽宁民族出版社, 2010

网络资料

1. 百度网站：http://www.baidu.com

2. 新疆锡伯语言学会：http://www.xjsibe.com

3. 中国锡伯族：http://sibe.51.net

4. 伊犁新闻网：http://www.ylxw.com.cn.

图片提供者

（按姓氏笔画为序）

广春兰
第197页
《中国锡伯人》
第179页
第180页
第181页
第182页
第183页
第184页
第185页
第186页
第187页
第188页
第189页
第191页
第192页
第193页
第194页
文小龙
第42页
第44页
第45页
第57页
第60页（上）
第66页
第67页
第78页
第79页
第82页（下）
第83页（左）
第89页
第144页
第162页（上）
第83页
文兰
第203页（上）
辽宁省档案馆
第29页（上）
关伊梅
第201页
关捷
第195页（下）
关德光
第80页
第84页
第85页
第90页（上）
第91页
第92页
第93页（上）
第107页
第108页
第109页
第110页
第113页
第154页
第155页
第159页
华肖昌
第202页
吉庆
第195页（上）
安迪
第36页
第37页
安素
第15页（下）
第34页（左）
第43页
第46页
第47页
第49页
第52页
第56页（下）
第60页（下）
第75页
第82页（上）
第86页
第98页
第103页
第105页
第106页
第117页
第127页
第139页（上）
第140页
第147页
第148页（上）
第152页
第153页
第158页
第174页
第176页
丽梅
第196页
何兴谦
第125页（上）
第126页
何荣伟
第10页
第19页
第20页（上、中）
第22页
第23页
第24页
第40页
第48页（上）
第50页
第51页
第59页（下）
第61页
第70页
第71页
第96页
第97页
第101页
第112页
第131页
第132页
第133页（上）
第149页
佟钟时
第200页
吴元丰
第203页（下）
《图说辽宁少数民族丛书·锡伯族》
第18页
第25页
第38页
第76页
第77页
第90页（下）
第93页（下）
第100页（上）
第116页
第118页
第119页
第123页（上）
第124页
第125页（下）
第133页（下）
第134页
第135页
第136页
第138页
第139页（下）
第156页（上、中）
第167页
第157页（上）
南丁
第11页
第20页（下）
第39页
第68页
第69页
第74页
第87页
第88页
第94页
第99页
第100页（下）
第104页
第111页
第114页
第115页
第122页
第123页（下）
第128页
第129页（上）
第130页
第137页
第141页
第145页
第146页
第148页（下）
第150页
第151页
第156页（下）
第157页（右、下）
第160页
第161页
第162页（下）
第163页
第165页
第166页
第168页
第169页
第172页
第173页
第175页
第177页
第178页
第198页
赵志强
第204页
赵春生
第201页
格吐肯
第199页
《清史图典》
第13页
第14页
第15页（上）
第26页
第27页
第28页
第29页（下）
第32页
第33页
第34页（上、下）
第35页
第41页
第48页（中）

第 53 页
第 54 页
第 55 页
第 56 页（上）
第 57 页（下）
第 58 页
第 59 页（上）
第 62 页
第 63 页

《满洲实录》

第 12 页

《锡伯族民间图案集》

第 83 页（右）
第 102 页
第 129 页（下）

后记

当写完这本书的最后一个字时，我的心有如释重负的感觉，尽管我并不感到圆满，但我且享受这份喜悦之情吧！

起初，我的同族好友——辽宁省档案馆的何荣伟打电话来，说辽宁民族出版社要出版一套《走近中国少数民族丛书》，要我牵头编写这本普及型的锡伯族历史知识性读物。得到这个信息，我的那种紧张惶恐的心情自不待言，一则是深感自己的粗陋与肤浅，对锡伯族历史少有研究，生怕写出来后不伦不类，无法示人，有负好友的美意与重托；二则是在此之前几乎没有写过类似的东西，根本谈不上有任何经验，如果写不好，反倒耽误了出版社的相关计划。然而，在何先生的一再鼓励下，我终于鼓起了勇气，摆脱了恐惧，树立了信心。普及锡伯族的历史知识，不仅有助于让更多的人了解锡伯族社会发展的历程，而且对民族文化的传承和发展也有非同寻常的意义。作为一个锡伯族子孙，我愿意为此竭尽绵薄之力。

应承之后，开始着手草拟提纲，并邀请额尔克勒·盛丰田先生与我们联袂创作。我们经过商讨，基本确定了编写思路。根据约定，我在写出每个章节的初稿后，便传给丰田兄进行修改。然后交由何荣伟最后完善定稿。从图片资料的搜集到书稿的修订等，何荣伟都投入了极大的热情并给予悉心指导。可以说，本书的每一篇都凝聚了丰田兄和荣伟兄弟的心血，没有他们的联手合作，本书的完成是不可能如此顺利的。在这里，我由衷地感谢他们。

我还要特别感谢原察布查尔报社社长崔吉春先生，他的关心、支持和理解，为本书的顺利完成提供了保障。

另外，族友安素、文小龙、关德光三位先生为本书提供了珍贵的图片资料，察布查尔锡伯自治县邮政局沈朝晖提供了优美的风光照片。同时在编写过程中，大量参阅了诸多研究锡伯族历史文化的专家学者以及民间研究者撰写发表的史料文章、著述和图片等，在此，对他们一并致以诚挚的谢意。

愿我的锡伯民族永远吉祥！

阿　苏

2011年6月28日于察布查尔

2014年12月10日修改